智库中社

国家智库报告 2017（2）
National Think Tank

法治指数与法治国情

人民法院信息化3.0版建设应用评估报告

——以山东法院为视角

中国社会科学院　　国家法治指数研究中心　著
法学研究所法治指数创新工程项目组

ASSESSMENT REPORT ON THE CONSTRUCTION AND APPLICATION
OF VERSION 3.0 OF THE PEOPLE'S COURT INFORMATIZATION
SYSTEM: FROM THE PERSPECTIVE OF INFORMATIZATION OF
PEOPLE'S COURTS IN SHANDONG PROVINCE

中国社会科学出版社

图书在版编目（CIP）数据

人民法院信息化 3.0 版建设应用评估报告：以山东法院为视角／中国社会科学院国家法治指数研究中心，中国社会科学院法学研究所法治指数创新工程项目组著 . —北京：中国社会科学出版社，2017.1

（国家智库报告）

ISBN 978 - 7 - 5161 - 9115 - 6

Ⅰ.①人…　Ⅱ.①中…②中…　Ⅲ.①法院—信息化—研究报告—山东　Ⅳ.①D926.22

中国版本图书馆 CIP 数据核字（2016）第 252565 号

出 版 人	赵剑英	
责任编辑	王　茵	
特约编辑	马　明	
责任校对	王佳玉	
责任印制	李寡寡	

出　　版	中国社会科学出版社
社　　址	北京鼓楼西大街甲 158 号
邮　　编	100720
网　　址	http://www.csspw.cn
发 行 部	010 - 84083685
门 市 部	010 - 84029450
经　　销	新华书店及其他书店

印刷装订	北京君升印刷有限公司
版　　次	2017 年 1 月第 1 版
印　　次	2017 年 1 月第 1 次印刷

开　　本	787 × 1092　1/16
印　　张	15.75
插　　页	2
字　　数	161 千字
定　　价	65.00 元

项目组负责人：

田　禾　中国社会科学院国家法治指数研究中心主任、法学研究所研究员

吕艳滨　中国社会科学院法学研究所法治国情调查研究室主任、研究员

项目组成员：

王小梅　栗燕杰　徐　斌　胡昌明　王祎茗
刘雁鹏　王　芳　赵千羚　刘　迪　田纯才
王　洋　王昱翰　孙斯琪　纪　玄　等

执　笔　人：

田　禾　吕艳滨　栗燕杰　徐　斌　胡昌明
王祎茗

摘要：最高人民法院制定的《人民法院信息化建设五年发展规划（2016—2020）》，对建设人民法院信息化3.0版提出了要求，明确了全国法院信息化建设应完成的四大类55项任务。本报告以山东法院信息化为视角，分析了人民法院信息化3.0版的建设应用成效。

山东法院信息化历经全面启动、整合提升、迈进3.0三个阶段的发展，在全面覆盖、移动互联、跨界融合、深度应用、透明便民、安全可控等方面取得了显著成效，努力实现以互联互通为主要特征的人民法院信息化2.0版向以智慧法院为主要特征的人民法院信息化3.0版的转型升级。

在实践做法上，山东法院重视顶层设计，加强法院专网、开放云、科技法庭等方面的基础建设，通过网上办案、电子送达、电子卷宗同步生成等机制为诉讼活动提供全方位服务。另外，其在注重数据管理、开展智慧创新方面的做法更是可圈可点。

在推进路径上，山东法院以人为本，注重培养、增强互联网思维，提升信息化素养；针对一些地方信息化建设"两张皮"、重建设而轻应用的问题，山东法院凸显业务与技术的高度融合，注重让信息化服务司法各方群体真正落地，实现了便利当事人权利行使、成为审判智能化帮手、助力破解"执行难"问题、促进司法管理精细化诸多功能。

今后，山东法院信息化向纵深发展还应当继续按照建设智慧型法院的要求，以服务公众需求为导向、以满足业务应用为本位、以提升数据治理能力为目标、以保障机制为支撑，不断提升信息化应用水平。

关键词：法院　山东省　信息化　智慧型法院　人民法院信息化 3.0 版

Abstract: The Five-Year Plan for Information Construction at People's Courts (2016 – 2020), adopted by the Supreme People's Court in February 2016, provides for specific requirements on the construction of Version 3. 0 of the People's Courts Informatization System. According to the plan, people's courts throughout the country must complete a total of 55 tasks of informationization construction, which are divided into four main categories, within the five-year period. This report analyzes the results achieved by China in the construction and application of Version 3. 0 of the People's Courts Informatization System from the perspective of the informatization of people's courts in Shandong Province.

The informatization of people's courts in Shandong Province has undergone three stages of development: all-round initiation, integration and upgrading, and upgrading to version 3. 0. In this process, the courts have achieved remarkable results in such aspects of informatization as full coverage, mobile connectivity, cross-border integration, in-depth application, transparency, convenience for the people, safety, and controllability, and are endeavoring to upgrade the system from the current version 2. 0, which takes interconnection as its main characteristic, to version 3. 0, which takes "smart court" as its main characteristic.

With respect to practical method, people's courts in Shandong Province have attached high importance to top-level design, strengthened the construction of court website, Open Cloud, technological court and other infrastructure constructions, and provided comprehensive services to parties to litigation through such mechanisms as on-line handling of cases, electronic delivery, and automatic generation of electronic case files. And their practices of attaching importance to data management and carrying out wisdom innovation are also commendable.

With respect to the approaches to informatization, people's courts in Shandong Province have adhered to the people first principle, laid emphasis on the cultivation and enhancement of Internet thinking and the increase of imformatization literacy, and, in light of the double-skin phenomenon and the tendency of laying stress on construction at the expense of application in informatization construction in some localities, given prominence to high-degree integration of judicial work and technology, and endeavored to ensure that informatization is truly able to perform the functions of servicing all parties to judicial proceedings, facilitating the exercise of rights by all parties, providing intelligent assistance to the court in the trial, helping courts overcome difficulties in the enforcement of judgments, and promoting the refinement of judicial administration.

To promote the further development, both in depth and width, of informatization, people's courts in Shandong should continue to raise the level of application of informatization in accordance with the requirement of constructing smart courts by taking servicing the public as the orientation, meeting the need of operational application as the standard, raising the capacity of data governance as the goal, and the relevant safeguarding mechanisms as the support.

Key Words: Courts; Shandong Province; Informatization; Smart Court; Version 3. 0 of People's Court Informatization System

目　　录

导　论

　　习近平总书记指出："没有信息化就没有现代化。"2014年2月，中共中央成立了由习近平总书记任组长的中央网络安全和信息化领导小组，标志着网络安全和信息化上升到国家安全战略高度。为了应对信息时代的挑战，顺利实现向信息社会的转型，中共中央办公厅、国务院办公厅2006年印发的《2006—2020年国家信息化发展战略》首次将建设信息社会作为国家发展的长远目标，指出"大力推进信息化，是覆盖我国现代化建设全局的战略举措，是贯彻落实科学发展观、全面建设小康社会、构建社会主义和谐社会和建设创新型国家的迫切需要和必然选择"，并提出，到2020年，中国信息化发展的战略目标是，"综合信息基础设施基本普及，信息技术自主创新能力显著增强，信息产业结构全面优化，国家信息安全保障水平大幅提高，国民经济和社会信息化取得明显成效，新型工业化发展模式初步确立，国家信息化发展的制度环境和政策体系基本完善，国民信息技术应用能力显著提高，为迈向信息社会奠定坚实基础"。

2016 年，中共中央办公厅、国务院办公厅颁布《国家信息化发展战略纲要》，进一步调整和发展了《2006—2020 年国家信息化发展战略》，明确强调，适应和引领经济发展新常态，增强发展新动力，需要将信息化贯穿我国现代化进程始终，加快释放信息化发展的巨大潜能。"以信息化驱动现代化，建设网络强国，是落实'四个全面'战略布局的重要举措，是实现'两个一百年'奋斗目标和中华民族伟大复兴中国梦的必然选择。"2016 年上半年，国务院等相关部门相继出台有关"互联网 + 政务服务""互联网 + 流通""互联网 + 制造业"等的指导意见，推动互联网与各个行业的融合。2016 年 10 月 9 日，习近平总书记在中共中央政治局第三十六次集体学习时提出，要加快推进网络技术自主创新，加快用网络信息技术推进社会治理，朝着建设网络强国目标不懈努力。

国家信息化战略涉及社会的各个层面，电子政务是国家信息化战略的重要组成部分。《国家信息化发展战略纲要》提出要通过信息化深化电子政务，推进国家治理现代化的目标，要求适应国家现代化发展需要，更好地利用信息化手段感知社会态势、畅通沟通渠道、辅助科学决策。持续深化电子政务应用，着力解决信息碎片化、应用条块化、服务割裂化等问题，以信息化推进国家治理体系和治理能力现代化。

法院信息化是国家电子政务的重要内容，《国家信息化发展战略纲要》特别指出，要以信息化服务民主法治建设。法院信息化从理论到实践有一个发展过程。1996年5月，最高人民法院在江苏召开的"全国法院通信及计算机工作会议"标志着人民法院信息化工作的起步。2002年在山东召开的全国法院信息化工作会议，成立了信息化建设工作领导小组，人民法院信息化工作就此在全国全面铺开。长期以来，最高人民法院非常重视信息化在法院工作中的地位与作用，提出没有信息化就没有人民法院工作的现代化，就不可能让人民群众在每一个司法案件中感受到公平正义。各级人民法院应不断满足人民群众日益多元的司法需求，将信息化技术应用到司法审判执行、司法管理的全过程；要依靠信息化技术，把握司法工作规律，提高审判能力；通过信息化与审判工作的高度融合，实现审判执行流程再造，推进审判方式的变革，做到全程留痕、实时监督，促进司法行为规范化。最高人民法院主要领导在2016年信息化建设工作领导小组第一次全体会议上强调，推进人民法院信息化建设是推进司法为民、公正司法、司法公开、司法民主的重要途径，是推进审判体系现代化和审判能力现代化的重要内容，是实现"让人民群众在每一个司法案件中感受到公平正义"目标的重要保障。面对新形势、新任务，各级法院要提高思想、统一认识，率先垂范、狠抓落实，以强有力的举措全面推进。

"十二五"期间，特别是党的十八大以来，人民法院信息化建设取得了长足进步。各级法院大力推进基础设施、应用系统、数据资源和保障体系建设，基本建成以互联互通为主要特征的人民法院信息化 2.0 版。人民法院信息化工作的蓬勃发展，取得的显著成绩，为深化司法为民、提升审判质效、规范司法管理提供了有力支撑。2015 年 11 月，在全国法院第三次信息化工作会议上，最高人民法院就法院信息化建设"十三五"规划作出具体部署：各级人民法院要围绕建成人民法院信息化 3.0 版、促进审判体系和审判能力现代化的总体目标，坚持服务人民群众、服务审判执行、服务司法管理，更加注重需求主导，更加注重科技引领，更加注重问题导向，更加注重自主可控，打造全面覆盖、移动互联、跨界融合、深度应用、透明便民、安全可控的人民法院信息化3.0版。

在最高人民法院的领导和大力推动下，各级人民法院充分认识到法院信息化对法院审判执行工作的重要性，在思想意识上实现了统一，努力加快信息化建设的步伐。全国法院你追我赶，各有创新，取得了可喜的进步。

山东省地处中国东部沿海地区，是中国的经济第三大省、人口第二大省。但山东经济社会发展不平衡，这深刻地反映在山东法院的各项工作中，尤其是其法院的信息化发展状况在全国具有一定的代表性，其经验和问题值得分析和总结。

山东法院信息化自1996年起步至今，共经历了启动、展开、发展和完善四个阶段，信息化工作在基础设施建设、应用系统推广、工作机制创建等方面取得了长足发展。近年来，山东省高级人民法院紧紧围绕全面推进依法治国战略部署，贯彻"创新、协调、绿色、开放、共享"发展理念，以促进审判体系和审判能力现代化为目标，坚持"三项服务"，为法院现代化提供坚实的信息科技保障。山东各级法院的信息化建设工作在"十二五"期间取得了长足的发展，形成了"十大体系"，在建设智慧法院方面开展了有益的探索。总体而言，山东法院信息化建设在全国法院中成绩较好，硬件设施也走在全国法院前列，各项信息技术基本具备，数字化、透明化、可视化、智能化水平较高，已经初步实现了"网络全覆盖、数据全集中、业务全贯通"的阶段性目标。

目前，山东省各级法院以"大数据、大格局、大服务"的工作理念为指导，全力促进信息化转型升级，努力打造符合山东实际、具有山东特色的法院信息化3.0版。

为了分析山东法院信息化3.0版建设应用情况，中国社会科学院国家法治指数研究中心以及法学研究所法治指数创新工程项目组于2016年对山东法院开展了第三方评估。项目组立足于信息化应用效果，对信息化服务人民群众、信息化服务审判执行、信息化服务法院管理的成效进行了评估。本报告主要对评估情况进行分析。

一　样本：山东实践与做法

最高人民法院制定的《人民法院信息化建设五年发展规划（2016—2020）》对建设人民法院信息化 3.0 版提出了要求，要求全国法院信息化建设应完成四大类 55 项任务，涉及顶层设计、系统建设、强化保障体系、提升应用成效等内容。山东法院在建设法院信息化 3.0 版的进程中，加快制定规划，加强基础设施建设，加快信息化应用。目前，山东省高级人民法院共有五大网系（法院专网、外部专网、互联网、移动专网、涉密内网）62 个主要应用系统。

（一）重视顶层设计

"十三五"时期，是山东法院全面贯彻党的十八大和十八届二中、三中、四中、五中、六中全会精神，深入贯彻落实习近平总书记系列重要讲话精神，实现"努力让人民群众在每一个司法案件中感受到公平正义"目标的关键时期。自 2015 年起，山东省高级人民法院信息中心的工作重点是制定《山东法院信息化建设五年发展规划（2016—2020）》，进一步明确信息化建设的指导思想、建设目标、重点任务和保障措施；制定《人民法院信息化3.0山东版建设方案》，全力打造具有山东特色的"法院360"；制定山东法院技术标准，出台山东法院"业务数据结构规范""数据代码标准""数据交换规范"等标准规范体系。《山东法院信息化建设五年发展规划（2016—2020）》共分为六个部分。第一部分是发展现状，总结"十二五"时期山东法院信息化建设发展取得的成就，并分析存在的问题；第二部分是发展需求，根据山东法院信息化发展现状，分析山东法院信息化面临的形势、任务和需求。第三部分、第四部分明确了山东法院信息化建设的指导思想、发展思路和建设目标；第五部分是重点工作，提出了"十三五"期间山东法院应重点开展的46项工作；第六部分是保障措施，明确提出了保障山东法院信息化五年发展规划得到贯彻落实的各项措施。

截至2016年底，以3.0版建设为核心的法院信息化工作已在山东省2个副省级城市的法院（济南、青岛）、15个地级市法院（淄博、枣庄、东营、烟台、潍坊、济宁、泰安、威海、日照、滨州、德州、聊城、临沂、菏泽、莱芜）和济南铁路运输中级法院、青岛海事法院全面开展，并取得了不同程度的成效。

伴随着山东法院信息化工作的开展，制度建设也从无到有、从点及面。近年来，山东法院按照"有系统必有制度"的原则，实现系统建设应用管理与建章立制同步进行、同步落实、同步考核，以制度保障信息化项目落地。发展至今，山东法院信息化制度建设已经涵盖信息化建设、应用、管理的全过程，实现无死角覆盖。截至 2016 年底，全省各级法院共制定各类信息化规章制度400 余项，覆盖三级法院信息化工作项目管理、资金管理、采购管理、基础设施管理、运维保障、安全保障等方方面面。其中，省高级人民法院信息化规章制度共有39 项。

此外，在建设过程中，山东法院坚持"五统一"原则，即"统一领导，统一规划，统一设计，统一实施，统一管理"；统一租用服务器、存储、安全等设施；统一设计、实施网站模板；统一购买数据库、网页防篡改等系统软件；统一租用线路。在建设方法上，山东法院坚持顶层设计。比如，在全省法院网站群建设工作中，坚持顶层设计，确保思路统一性、目标合理性和工作规范性。在工作实施上，坚持统分结合。明确哪些工作由省高级人民法院统一实施，哪些工作由各级法院承担。目前，全省法院政务网站做到了资讯完备、及时更新、链接有效，并具备查询检索、在线服务、信息搜集和反馈功能。

（二）加强基础建设

1. 法院专网

山东法院专网是以省高级人民法院为中心，上达最高人民法院，下连全省 19 家中级人民法院（含济南铁路运输中级法院和青岛海事法院，下同）及 154 家基层人民法院、555 处人民法庭的覆盖全省的法院业务专网，构成了支撑全省法院信息化各类应用的基础信息传输平台。

山东法院信息化起步较早，于 2001 年率先开通覆盖全省的法院专网。2011 年，山东法院信息化在经历了十年较快发展后，法院专网上的各类应用不断增多。为进一步适应日益增长的信息化发展需求，全省法院专网统一进行了第一次大提速，省高级人民法院至各中级人民法院间专网提升为联通、电信双运营商双 100M 带宽，各中级人民法院与所辖基层人民法院间法院专网提升为

100M带宽，潍坊地区的法院专网更是进一步达到了1000M带宽。

2016年，随着山东法院信息化进一步转型升级，法院主要业务应用系统由过去的逐级部署转变为集中部署，法院专网数据传输压力陡增。为应对新情势、新需求，山东法院适时启动第二次网络提速，省高级人民法院至各中级人民法院、各中级人民法院至所辖基层人民法院间专网主线路均得到提升，且带宽不低于1000M。提速后的山东法院专网以其稳定、可靠、高速的数据传输为全省法院信息化应用提供坚实的网络基础。

2. **法院开放云**

按照国家和省政府的要求，对部分非涉密的信息化应用，山东法院租用公有云服务平台，利用云计算技术实现集约化建设。目前，山东法院政务网站群及司法公开平台、庭审互联网直播平台、律师及当事人服务平台等业务已成功部署到开放云。

2013年12月，山东法院政务网站群及司法公开平台建设正式启动；2014年3月，山东法院政务网站群和审判流程公开、裁判文书公开、执行信息公开的司法公开三大平台同时开通。2014年7月，庭审互联网直播平台开发完成并投入使用。2015 年 3 月，律师服务平台正式开通。2016 年 9 月，当事人服务平台投入试运行。

3. 科技法庭

近年来山东法院积极贯彻最高人民法院《科技法庭应用技术要求 FYB/T52003—2016》《音视频应用数据信息技术规范 FYB/T51016—2016》等要求及规范，以科技法庭为抓手，加强审判法庭的信息化建设。

在建设科技法庭过程中，山东法院注重统一科技法庭建设标准。山东省高级人民法院于 2014 年 11 月 25 日下发了《关于进一步规范科技法庭品牌工作的通知》（鲁高法明传〔2014〕269 号），进一步规范了科技法庭建设标准，为审判法庭信息化建设奠定了基础。2014 年以前，全省法院的科技法庭共有 23 个品牌，接口庞杂、结构不一，无法统一进行管理调度。在山东省高级人民法院进行科技法庭评测和规范接口后，统一管理比例由 76.87% 提升到 98% 以上。同时，山东法院加大工作创新，开发了具有自主知识产权的《山东法院音视频信息统一管理平台》，对全省法院的科技法庭系统进行统一监督、统一管理，实现对接入的科技法庭自动进行数据统计分析，做到全省法院任一法庭的庭审可观看、信息可调用、数据可统计，确保全省法院科技法庭数据信息的同步、真实、有效。

截至2016年底，山东省高级人民法院和19个中级人民法院、154个基层法院共有审判法庭2299个，其中，符合建设标准的科技法庭共有2232个，科技法庭建设覆盖率达到97.1%。在174家法院中，有141家法院的科技法庭覆盖率达到100%。

4. 司法公开平台

山东法院历来有着打造阳光司法的优良传统。山东省高级人民法院制定了"建设三大平台、落实五项制度"的工作目标，印发了《关于进一步推进司法公开的若干规定》等规范性文件。

2013年，最高人民法院确定山东省高级人民法院为司法公开试点法院。从2013年12月1日开始，根据全国法院信息化工作会议精神和最高人民法院《关于推进司法公开三大平台建设的若干意见》的要求，山东省高级人民法院制定了《全省法院司法公开平台建设实施方案》，统一规划和建设全省171家①法院的司

---

① 此为2014年的全省法院数量。

法公开三大平台，即审判流程公开、裁判文书公开、执行信息公开平台。经过需求调研、系统设计、软件开发、系统集成、测试、人员培训等环节步骤，2014 年 1 月 10 日—7 月 28 日，全省法院司法公开平台分 9 批分别上线运行。

为贯彻落实《最高人民法院关于推进司法公开三大平台建设的若干意见》（法发〔2013〕13 号）的要求，进一步推进庭审直播工作，加大司法公开力度，扩大庭审直播影响力，提升法院信息集控管理能力，山东省高级人民法院于 2014 年建设了面向社会的互联网庭审直播网，以全面展开庭审直播工作，将司法公开推上新台阶。此外，山东法院不断加大庭审直播力度，在实施互联网直播的同时，采用微博直播、室外大屏幕直播、第三方平台直播等多种形式推进庭审直播向纵深发展。截至 2016 年底，山东省高级人民法院和 19 个中级人民法院、154 个基层法院科技法庭的开庭总次数为 736716 次，其中，公开开庭 730091 次，庭审直播（含互联网、微博、微信、第三方平台、室外大屏幕直播等）361201 次，庭审公开覆盖率达到了 99.1%，庭审直播率也达到了 49.5%。

2016 年 9 月 27 日，"中国庭审公开网"上线运行。山东法院以此为契机，积极作为，主动适应信息化条件下庭审公开的新形势，通过提升科技法庭软硬件标准，努力提升庭审公开的数量、质量和效果，打造高标准的第四个司法公开平台。

5. 法院网站群

山东省高级人民法院采用集约化站群建设技术，实现了站群技术统一、功能统一、结构统一。站群资源由法院专网向上归集、通过互联网向下分布，是面向多服务对象、多渠道、多层级的"一站式"门户网站集群平台。另外，在顶层设计的同时，省高级人民法院兼顾中基层法院的个性需求，共设计出 11 套模板供其选择。通过站点实施、系统测试和培训、反馈完善、域名申请、网络环境配置、数据录入等一系列工作，于 2014 年 7 月 28 日完成了全省所有法院政务网站上线工作。发展至今，全省三级法院均已实现一院一网站，覆盖率达到 100%。

6. 远程视频接访

远程视频接访是人民法院创新接访形式的新举措，既降低了信访人的诉累，也大幅减轻了接访法官的工作压力。山东省高级人民法院开发了山东法院涉诉信访系统，并与全国法院涉诉信访系统进行了系统数据对接，实现了网上远程视频接访的登记预约、管理、统计、分析等功能。自 2015 年开始，山东省三级法院按照统一标识、统一风格、统一颜色的要求全部建立了远程视频接访室，实现了所有法院远程的视频接访。同时，为了提升视频接访工作效能，山东省高级人民法院在 15 个接访室均设置了桌面式接访终端，可独立对全省任一法院实施视频接访。截至 2016 年底，通过该系统预约接访 7142 次，其中视频接访 1356 次，该系统已经初步得到公众和法官的认可。

（三）服务诉讼活动

1. 网上办案

作为信息时代的产物，网上办案是信息社会发展的必然结果，也是提升审判质效的一项举措。网上办案是指运用信息技术，将案件的办案流程进行数字化处理，实现案件网上办理、审批、管理和分析。网上办案取代手工书写、人工传递等办案方式，不仅切实提高了审判的质量和效率，满足了人民群众对审判工作的新要求、新期待，也体现了山东法院不断顺应时代发展，积极推进司法改革工作。

网上办案系统自 2001 年开始在全省法院推广，到 2003 年全省法院全面实现网上办案，2016 年对网上办案系统进行了系统升级。2014 年以来，山东法院每年网上办案数量都超过 100 万件，网上办案率达到 100%。

山东法院网上办案系统注重软件标准的统一化。该系统采用"山东省高级人民法院顶层开发、中级人民法院具体部署、基层法院直接应用"模式，其服务器端统一部署在各中级人民法院，做到了中级人民法院和辖区基层法院、人民法庭统一应用。中级人民法院和基层法院将个性化需求上报山东省高级人民法院后，由山东省高级人民法院负责整理、统一需求，安排设计开发，保证全省法院系统平台的统一性。

山东法院网上办案系统实现了服务功能全面化。该系统现已具备 15 类 100 余项服务功能（见表 1），覆盖了案件管理、电子卷宗、质效管理、质效考核、电子签章、案件查询、统计报表、质量评查、庭审考评等领域、流程和环节。

表 1   山东法院网上办案系统的服务功能

类别	项目	主要功能
案件管理	主要包括立案登记、待办案件、诉讼费管理等模块	案件管理以法院审判执行业务为核心，实现人民法院依法受理的各类案件从诉前调解、立案、分案、排期、审理、结案、检查到归档全流程管理，业务呈现更直观、更便捷、更智能、更准确
电子卷宗	主要包括诉讼档案索引、电子卷宗查询等模块	电子卷宗管理系统用于管理记录反映案件办理过程和案件办理结果的文字、图表、声像等数字化文件材料。相对于传统纸质卷宗，它可以海量存放并通过计算机网络实现多人同时查阅和打印，便于检查办案质量，加快办案流程，交流办案经验，提高办案水平。电子卷宗内嵌网上办案系统，方便随案扫描
批量操作	主要包括批量立案、批量打印、批量分案等模块	通过批量操作，可以减少用户工作量、提高工作效率
质效管理	主要包括节点管理、质效报表、可视化指标等模块	实现案件网上催办、冻结和预警
质效考核	主要包括考核对象维护、考核指标维护、考核信息展示等模块	通过宏观审判流程比对，助力人民法院取长补短，创优争先；通过质效考核，可防止冤假错案，避免疏漏瑕疵
电子签章	主要包括用印申请、审批、签章、查询等模块	电子签章应用系统实现裁判文书网上签章以及签章统一管理，可有效解决派出法庭"盖章难"问题
信息查询	主要包括案件查询、超审限案件查询等模块	实现各类案件的查询
统计报表	主要包括固定报表和各类自定义报表等模块	实现案件办理各阶段的日常统计报表，统计数据支持从法院到庭室到个人最终到个案的逐级下钻
质量评查	主要包括评查案件抽取、质量评查等模块	通过质量评查可以提高人民法院整体的审判质量
庭审考评	主要包括考评案件抽取、庭审录像考评等模块	通过庭审考评可以规范法官及当事人的庭审行为
司法公开	主要包括文书上网办理、审批等模块	实现文书上网、卷宗借阅等与司法公开相关的功能
案件维护	主要包括信息补录、文书补录、案件信息维护等模块	实现案件信息、文书信息维护
诉讼服务	主要包括网上立案审查、律师服务待办事项等功能模块	和诉讼服务进行对接，法官在网上办案系统中就可以办理律师或当事人提交的各类诉讼请求
陪审员管理	包括陪审员管理、申请、审批和陪审员参与案件统计	和陪审员系统进行对接，实现对陪审员的管理
信息设置	包括用户、部门、权限、代码的维护模块	实现基础信息的维护

自 2013 年 1 月以来，全省中、基层法院均能按照山东省高级人民法院的要求实现所有案件一律实行网上立案、网上分案、网上审批、网上审理、网上合议、网上结案等，凡网上程序未完成的一律不予审查结案。近年来，山东法院的司法数据质量稳步提升。2015 年以来，已做到每日和最高人民法院进行数据确认，数据置信度达到 99.99%。

2. 电子送达

送达是贯穿整个诉讼活动的重要环节。据统计，送达耗费资源占比达到整个诉讼工作的 40%，"送达难"已成为困扰全国法院的普遍性问题。电子送达作为一种辅助送达方式，具有速度快、成本低等优势。2013 年青岛市中级人民法院开始试点使用，2015 年临沂市兰山区法院也启用了电子送达方式，经当事人同意并填写《电子送达地址确认书》后，送达成功率达到 100%，送达成本和送达期间压缩接近于零。2016 年 9 月，电子送达方式在全省法院得以推广。山东法院在"审判业务管理系统"送达信息模块中，增加电子邮件送达选项。法官若选择电子邮件发送，系统则通过网闸设备将数据同步到外网服务器，通过外网服务器程序，自动给当事人发送邮件。同时，外网服务器根据链接中的信息进行解密、解析，并将案号信息、文书信息、签收人、签收日期等写入数据库，供以后查询。

为提高电子送达的使用率，山东省高级人民法院正致力于完善制度机制，并对电子送达系统进行优化升级。其做法包括：第一，制定《山东法院电子送达实施细则》，统一电子送达程序和标准、适用范围；第二，修订《当事人送达地址确认书》，在其中添加电子送达确认、电子送达联系方式登记、电子送达方式等内容，既方便当事人一次性勾选确认是否同意采取电子送达的方式，又易于法官查看、核对送达信息，进而选择高效合理的送达方式；另外，留痕系统的留证功能还可以将送达人姓名、电子邮件地址、送达日期、送达内容和原因及其他相关信息存入系统，并直接打印入卷。

3. 电子卷宗随案同步生成

电子卷宗随案同步生成及应用，是信息化建设服务审判执行、服务人民群众、服务司法管理的重要组成部分，有利于进一步减轻法官负担、提升办案质效、方便群众诉讼。山东法院电子卷宗试点起步于2004年，并于2011年得到全面推行。发展至今，全省法院共生成各类电子卷宗500余万册，2012年以来电子卷宗覆盖率达到100%。一些地方法院在卷宗电子化方面存在一些问题，如生成方式多样化，部分法院往往在结案后集中扫描、录入，不能完全实现随案同步生成，导致卷宗电子化的服务性和管理辅助作用远未发挥。对此，作为试点法院，山东省济南市市中区人民法院于2004年即建成并启用电子卷宗系统。该院自建设电子卷宗系统之初，即坚持先进的理念和思路，始终采取有力措施，构建长效机制，确保了电子卷宗随案同步生成、所有电子化材料均通过密码向当事人全面同步开放，形成了卷宗双轨并存、监督内外并行、公开纵深推进的格局。2016年7月28日，最高人民法院印发了《关于全面推进人民法院电子卷宗随案同步生成和深度应用的指导意见》，要求在2017年年底之前，全国法院要全面实现电子卷宗随案同步生成和深度应用。在这方面，济南市市中区人民法院无疑是先行者，其经验可品鉴、可复制、可借鉴。

2016年8月23日，山东省高级人民法院在全省法院推进执法办案现场会上对济南市市中区人民法院的做法进行了全面推广，要求全省各级法院分两批于2016年9月底前和10月底前完成电子卷宗随案同步生成工作。至

2016 年 9 月底，全省收案过万件的 38 家基层法院已全面启动电子卷宗同步生成工作，其余法院也于 10 月底前全面启动。

山东法院电子卷宗随案同步生成具有以下特征。首先，合理分工，确保同步。针对部分法官提出的电子卷宗可能增加工作量的担忧，山东法院将电子卷宗的录入定性为审判辅助工作，确定由辅助人员承担，避免增加法官负担。另外，山东法院成立专门的诉讼信息采编中心，聘用专业人员，变最初的各庭分别录入为集中统一录入，各庭法官助理只需将诉讼材料在规定时间内送至采编中心，采编中心可当即录入，材料随即取回，也可办理交接随后录入，再将诉讼材料送回。在时间节点上，要求所有的诉讼材料在形成后 3 日内扫描录入，以确保电子卷宗材料同步生成。其次，多措并举，保证质量。主要包括以下机制：一是录入文件交接核对机制。业务庭将案卷送交录入中心时，应填写《诉讼材料录入移交登记表》，录入中心接收材料时当面清点核对，确认材料数量无误后方可接受，并向移交人出具收据单。二是录入瑕疵通报纠正机制。档案室在接收纸质卷宗归档时，必须将纸质卷宗与电子卷宗逐卷核对，并对未在 3 日内录入、多录少录、录入顺序颠倒、文本缺失等情形进行逐月通报，严格扣分，并责令纠正，纠正前不准归档。以济南市市中区人民法院为例，目前该院已通报 132 期，扣分总计 16154 分。三是卷宗复查评查机制。由监察部门组织相关人员每月对电子卷宗进行复查，发现问题及时纠正，并发布《卷宗复查评查通报》。

伴随着电子卷宗和审判业务流程两个系统的发展完善，山东法院电子卷宗移送系统也逐步建立起来。基于"同用一个平台、共用一套软件"的理念，全省法院统一应用平台和基础软件，将电子卷宗系统、审判流程管理系统、电子卷宗上诉移送系统高度集成，让法官在一个软件中完成全部功能，即在审判流程管理系统中，实现案件电子卷宗生成、传输、共享。案件上诉后，二审法官则自动获得一审案件电子卷宗的查阅权。截至 2016 年底，全省当年度 8.3 万件二审案件电子卷宗上诉共享率达到 100%。

山东法院网上阅卷工作始于 2010 年，以济南市市中区人民法院作为试点法院，借助全省首个在线集中服务平台——济南市中网上法院，把电子卷宗系统"搬"到了互联网上，当事人能通过互联网远程查询自己正在审理执行案件的电子卷宗，同步跟踪法官的裁判活动，6 年来当事人来院自助查询或远程查询卷宗达到 32 万人次。

2014 年，山东法院将临沂市兰山区人民法院列入开展网上阅卷的试点法院，开通了公共服务网，并和其官方微信进行了相互链接。当事人及诉讼代理人只需关注兰山法院的微信公众号或打开门户网站，即可通过立案时的查询密码迅速查阅到立案卷宗和保全卷宗。在网上阅卷中，庭前阅卷一直是当事人及诉讼代理人的重要需求，兰山法院在电子卷宗随案生成阶段专门设置了立案卷宗和保全卷宗。这一方面有助于法官团队提前掌握案卷，另一方面解决了卷宗重复录入、录入不及时等问题，同时为当事人及诉讼代理人网上阅卷提供了前提条件。两年来，完成远程卷宗查询的各类当事人已达 4.6 万人次。

在此基础上，2015 年 3 月和 2016 年 9 月上线的山东法院律师服务平台和当事人服务平台，为代理律师、案件当事人及诉讼代理人提供包括网上阅卷服务在内的一体化诉讼服务，平台数据覆盖了全省三级法院。

4. 文书辅助生成

文书辅助自动生成是指运用信息技术，充分利用各类案件信息，自动生成案件审理各阶段所需司法文书。

该机制的应用既有利于减少法官工作量，缓解法院"案多人少"的矛盾，也有利于法律文书质量的提高。山东法院自2001年开始在全省法院推广网上办案系统，2003年实现网上办案，经过多次升级更新，目前已经能够自动生成除判决书、裁定书、调解书和决定书等结案裁判文书外的其他所有文书。为进一步提高办案智能化水平，服务一线办案法官，山东法院于2016年8月开始建设智审系统，目前已经在全省三级法院全部上线运行，系统突破性地将文本识别、案件画像、智能推荐、机器学习、文书智能生成、非结构化数据结构化等前沿科技运用于法院司法实践，利用OCR识别等技术，实现了文书和电子卷宗自动生成、智能分类。同时，系统还可自动回填至案件信息表中，减少了人工录入工作量。

5. 执行案件办案系统

"用两到三年时间基本解决执行难问题"，是最高人民法院经过认真研判和广泛征求意见后作出的重大决策部署。"执行难"的核心是"被执行人财产难查""被执行人难找"两大难题。基本解决"执行难"，需要依托信息化技术，联合惩戒失信被执行人，畅通被执行人及其财产发现渠道，基本改变"登门临柜"查人找物的传统模式，真正破解查人找物传统执行难题，切实提高执行效率。与此同时，信息管理系统的应用，还可强化对执行程序各个环节的监督制约，严格规范执行行为。

山东法院的执行案件信息管理系统，于 2001 年启动，已经过多次升级。2016 年 8 月 15 日，山东全省正式上线运行新版软件，覆盖率达到 100%。该系统遵循最高人民法院加强顶层设计并鼓励改革创新的理念，所有应用软件由最高人民法院统一开发、统一接口标准，山东省高级人民法院进行系统部署，各中级人民法院和基层法院、人民法庭直接应用，从源头上实现了软件标准的统一，也较好兼顾了各法院的实际情况与需求整理。

执行指挥系统是承载人民法院之间、人民法院与协助执行单位之间执行联动机制的信息化网络系统，在推动执行工作发展和攻克执行难等方面发挥重大作用。执行指挥系统包括远程视频监控、执行单兵系统、被执行人信息查询、被执行人信息发布与控制、执行要情、远程电子签章、执行案件数据库等系统，已成为联动执行的运行平台、整合执行资源的指挥平台、阳光执行的管理平台和促进社会诚信建设的信息平台。

山东法院按照最高人民法院《关于执行指挥系统建

设的指导意见》（法发〔2014〕99号）的要求，建立了统一管理、统一协调、统一指挥、辐射各级人民法院的执行指挥系统，实现三级法院的信息共享、联动配合和规范管理。山东法院于2014年10月正式启动试点，2015年11月开始建设全省法院执行远程视频指挥系统。目前，山东各级法院执行远程视频指挥系统已全部建设完毕，覆盖率达到100%，配备统一品牌的各类移动执行终端2200余部。

近年来，山东省高级人民法院不断完善查控系统的建设，在全省范围内实现被执行人及其财产查控工作的集约化、信息化、网络化，提升执行工作效率。

截至2016年底，在"总对总"框架下，网络执行查控的查询范围，从最初的20家银行的1类存款信息，扩展到现在查询中国人民银行、公安部等13家单位、3000多家银行的11类14项信息，包括账户信息、存款、车辆、船舶、股票、银联卡消费记录、工商登记等。[①] 在此基础上，山东法院继续扩大"点对点"查询，根据执行工作管理的要求和司法查控的特点，在高级法院与各执

---

① 唐学兵：《大数据共享下的精准执行和社会诚信》，《人民法院报》2016年10月17日。

行协助单位（如银行、工商局等管理部门）之间建立专线网络，通过网络以标准化的数据格式发送查控要求和反馈查控结果。实现连接的协执单位有 33 家：中国工商银行山东省分行、中国农业银行山东省分行、中国银行山东省分行、中国建设银行山东省分行、中国交通银行山东省分行、光大银行济南分行、招商银行济南分行、兴业银行济南分行、光大银行烟台分行、浙商银行济南分行、民生银行济南分行、浦发银行济南分行、中国邮政储蓄银行山东省分行、华夏银行济南分行、山东省农村信用联合社、中信银行济南分行、恒丰银行、齐鲁银行、平安银行济南分行、渤海银行济南分行、广发银行济南分行、潍坊银行、日照银行、莱芜银行、临沂银行、济宁银行、威海商业银行、齐商银行、泰安银行、德州银行、北京银行、山东城市商业银行联盟、山东省工商局。在山东省高级人民法院的推动下，查控系统与山东省房地产管理中心、山东省国土资源厅、山东省车辆管理中心等协执单位的系统对接也即将完成。

6. 诉讼服务中心

诉讼服务中心是人民法院提供诉讼服务的重要场所，是面向社会的多渠道、一站式、综合性诉讼服务窗口，包括诉讼服务大厅、诉讼服务网、12368 诉讼服务热线三大服务平台。近年来，山东法院按照最高人民法院《关于全面推进人民法院诉讼服务中心建设的指导意见》的要求，扎实推进诉讼服务中心建设，为当事人提供贯穿"立审执"全过程的涉诉司法服务，方便当事人集中办理除庭审之外的其他各项诉讼事务。

诉讼服务大厅信息化系统按照需求整理、项目开发、功能整合、应用完善的步骤，于 2014 年 9 月正式启动试点，2015 年 6 月，山东省高级人民法院召开了全省法院诉讼服务中心规范化建设现场会，2016 年 6 月对 19 处中级人民法院、17 处基层法院和部分人民法庭的诉讼服务大厅信息化工作进行了远程视频调度。发展至今，山东各级法院和 555 处人民法庭均已建设完毕，覆盖率达到 100%。

山东法院诉讼服务大厅信息化系统呈现以下主要特点。

第一，软硬件标准统一化。按照《山东法院信息化建设五年发展规划（2016—2020）》的要求，贯彻顶层设计原则，所有应用软件由省高级人民法院统一开发、统一接口标准，中级人民法院和基层法院、人民法庭直接应用，从源头上实现了软件标准的统一规范。同时，对信息化硬件如触摸屏、自助立案设备、二代身份证读卡器、远程视频终端等也统一了配备标准，奠定了应用基础。

第二，服务功能全面化。以山东法院便民服务数字化平台为例，其具备七类 40 项服务功能（见表 2），实现信息查询、沟通互动、业务参与、监督举报、辅助服务等领域的全面覆盖。

表 2　　　　　　　　山东法院便民服务数字化平台的各项功能

一级目录	二级目录	三级目录
公共信息	法院概况	法院基本情况
		人民法庭情况
		法官基本情况
		主要荣誉介绍
	开庭公告	
	诉讼指南	立案登记等 8 项内容
	执行指南	立案条件
		案件管辖
		指定或提级标准
	诉讼费计算	
	诉讼风险	风险提示
		风险五笔账
		诉讼流程介绍
		风险指数平台

续表

一级目录	二级目录	三级目录
案件信息公开	诉讼信息公开	诉讼信息查询方式
	执行信息公开	曝光台
		执行信息查询方式
	案件流程查询	
	卷宗查询	
	评估拍卖信息公开	机构名册
		拍卖信息公开
		评估信息公开
文书自助打印	空白文书	
	书写文书	
	身份证复印	
调解机制建设	机制介绍	
	调解员名册	
	人民陪审员名册	
	常用调解知识	
帮我找法官	给法官发短信	
	我要举报	
卷宗远程查询		
诉讼风险评估		

第三，维护服务最简化。通过山东法院非涉密隔离交换系统，跨平台调取大量专网信息，实现信息自动提取，自动更新。在全部 40 项服务项目中，无须人工维护的自动维护项目达到 36 个，占全部维护项目的 90%，最大限度地保证了数据准确、维护减负，由此，数据治理和交换共享能力大幅增强。

7. 律师服务平台

律师服务平台是专门供律师用于网上立案、办理、沟通、辅助、评价等的服务系统。山东法院的律师服务平台于 2015 年 3 月 2 日正式开通。由全省三级法院依托互联网，统一为律师群体提供服务，通过内外网数据交换，从律师端连接到各级法院和每位法官的电脑桌面，贯穿立案、审判、执行、信访工作全过程。服务平台具有网上提交、网上申请、网上送达、网上直播、网上辅助、网上查询、网上留言七大类功能，律师可以通过服务平台完成申请立案、保全、延期开庭等业务，提交代理词等材料，也可以在线接收法律文书，查阅有关法律文件和裁判文书，观看庭审直播。同时，律师还可以通过服务平台即时查询案件进展情况，与法官在线沟通交流，对司法活动进行监督、作出评价。律师服务平台是山东法院建设法律职业共同体的新尝试，也标志着山东法官与律师的相互关系进入了一个新境界。目前山东各级法院律师服务平台的覆盖率已达到 100%。

山东法院律师服务平台的优势主要表现在以下两方面：一方面，服务功能全面化。平台具备七大类 20 余项服务功能（见表 3），实现在线提交代理词及材料、完成申请立案、延期开庭、查阅案件办理进度、反馈律师建议及意见等领域的全覆盖。同时，系统具有排期自动避让功能，同一名律师在全省各地法院开庭如遇到冲突情形，系统将自动调整避让。另一方面，服务形式多样化。平台打破时空限制，通过律师服务平台系统以及律师服务平台 APP 将服务搬到互联网和手机上，实现五个转变：律师服务从信息提供向业务参与转变，从个别流程参与向全流程参与转变，从线下服务向线上线下融合服务转变，从工作时间服务向全天候服务转变，从固定场所服务向"指尖"服务转变。

表3　　　　　　　　山东律师服务平台主要功能

类别	功能	功能简介
网上提交	提交代理词	在线提交代理词
	材料递交	在线提交案件相关材料
	提起上诉	在线提起上诉
	诉讼保全	在线申请诉讼保全
	网上阅卷	在线实现网上阅卷
	代理申诉	在线代理申诉
网上申请	网上立案	在线申请立案
	延期开庭	在线申请延期开庭
	联系法官	在线预约法官
网上送达	网上送达申请	在线申请网上送达
	立案送达	在线立案送达
	结案送达	在线结案送达
网上直播	直播预告	庭审直播预告
	正在直播	在线观看庭审直播
	直播回顾	在线观看直播录像

续表

类别	功能	功能简介
网上辅助	诉讼指南	在线查看诉讼指南
	典型案例	在线查找典型案例
	法律法规	在线查询法律法规
	案例指导	在线查询案例指导
	诉讼文本下载	下载诉讼文本样式
网上查询	案件查询	在线查询案件
	关联案件查询	在线查询当事人参与的相关案件
	开庭公告	查看开庭公告
	裁判文书	在线查询已公开的裁判文书
网上留言	我有评价	在线进行评价
	我有建议	在线进行建议

自从律师服务平台系统上线以来，已录入 1657 家律师事务所、1.7 万余名律师的信息。系统提供了平台纠错与建议功能，得到了广大律师的积极参与，为系统的改进提供了宝贵的建议，让律师服务平台能够更好、更快地为广大律师服务。

8. 12368 诉讼服务热线

为主动回应群众新期待，提升司法服务质效，让人民群众更加真切地感受到司法的人文关怀，根据最高人民法院《关于全面推进人民法院诉讼服务中心建设的指导意见》，山东省高级人民法院于 2015 年 6 月开通了 12368 诉讼服务热线。12368 诉讼服务热线作为法院诉讼

服务中心建设的一项重要内容，既是司法便民的新举措，又是深化司法公开、自觉接受监督的新途径。

当事人、诉讼代理人通过拨打 12368 诉讼服务热线，不仅可以查询案件受理情况、合议庭组成人员、开庭时间、案件办理进度、办理结果等信息，也可以咨询诉讼程序性问题；更为便利的是，通过自助系统还能够实现 24 小时全天候案件信息的查询。12368 热线实行统一技术标准、统一技术支持，由各级法院自行管理，人员一般由专职座席法官、接线员、各庭室兼职顾问组成，其中，专职座席法官负责接线员的日常管理和指导，兼职顾问多是资深法官，针对热线提出的相关问题释疑解惑。

山东省全部 19 家中级人民法院均已开通 12368 热线，基层法院开通 124 家，占 81%。截至 2016 年底，共接听电话 22718 次，先后接受各类案件查询 12105 件，查询其他事项 5264 次，联系法官 4128 次，接受和处理投诉 1221 次，办结率达到 100%。

（四）注重数据管理

1. 法务云数据中心

山东法务云数据中心一期项目自 2012 年底开始建

设，2013 年 7 月完成。2016 年上半年对一期项目进行升级改造，开展二期建设，至 2016 年 9 月底，全省法院二期项目已基本建设完毕。项目升级采用国际主流开放体系的技术路线，遵循国际主要的云计算和大数据相关技术标准，采用当前主流的技术架构体系，支持高并发访问并可通过水平扩充计算设备和存储设备实现资源的弹性扩容，实现全部 19 家中级人民法院数据汇总备份至省高级人民法院数据中心。

全省法务云数据中心遵循相对集中、分级部署的原则，按照"1 + 19"模式建设："1"为省高级人民法院云数据中心，也是全省法院云数据枢纽和核心；"19"为全省 19 家中级人民法院的地区云数据中心。

法务云数据中心通过对计算、存储、网络、安全等资源进行池化（Pooling），实现异构资源的共享和灵活分配，提高资源利用率；通过自动化部署快速匹配业务需要，缩短业务上线周期；利用云计算的高度可靠性，确保核心业务的连续性；借助云数据中心管理运维系统，实现云资源、物理计算资源、存储资源、网络安全资源的便捷化、图形化、直观化管理运维。

2. 数据集中管理

数据的集中管理对法院信息化具有重要作用，有利于强化大数据分析在审判执行、司法实践和法院管理等方面的应用。

山东法院从2013年开始进行数据集中管理工作，数据集中分为两个阶段。一是数据的集中上报。2014年2月10日，按照最高人民法院的要求，山东法院集中报送了2011—2013年3年间的审判数据，入库案件总量为282.0625万件。二是数据的每日乃至实时传输。按照《人民法院案件数据动态更新机制技术规范》，山东法院开发了案件数据自动抽取系统，于2014年实现了每日案件数据的自动上传，每日的案件数据分为实时数据（5分钟一更新）和全量数据。自动抽取程序全天运行，实时将全省各级法院发生流程变动的案件数据抽取到省高级人民法院数据中心，并每5分钟将实时的收结案数（非具体案件信息）报送最高人民法院，此为实时数据；每日18时，自动抽取程序将本日发生流程变动的所有案件数据进行打包，导出XML文件，通过质检系统进行检查后，报送到最高人民法院数据集中管理平台，此为全量数据。

为提高山东法院案件数据质量，按照2009法标和最高人民法院制定的 32 项质量检测规则，2014 年 4 月，山东法院开发应用了案件质量检测系统，在数据上报前进行必填项合规检测，重点检测案号、案件标识、经办法院、承办人、当事人、立案日期、结案日期、结案方式等内容。经过检测，数据合格的案件方可上传，不合格的案件将退至承办人处，进行补录后报送。经过检测环节，截至 2016 年底，山东法院案件数据入库合格率达到 99.83%，裁判文书覆盖率达到 99.75%，裁判文书合格率达到 99.87%，数据置信度达到 99.99%。

在此基础上，山东法院多措并举加强数据质量管控。一是加强制度建设。制定了一系列管理办法，形成了由研究室、审管办、业务庭和信息中心齐抓共管，共同提高全省法院案件数据准确性和可靠性的工作局面；二是实现智能巡查。系统自动检查全省三级法院数据服务器的运转情况，每日 18 时上传当日全量数据，确保数据能够及时、全量上报最高人民法院；三是专项督导，开发了山东法院数据监控平台，监控全省法院数据服务器运转情况、昨日数据报送情况、不合格案件数、不合格裁判文书数、长期未结案件数（分 18 个月以上、3 年以上、5 年以上、8 年以上）等。每月编制

《山东法院数据集中管理工作月报》，报省高级人民法院的领导，送机关各部门主要负责人和各中级人民法院院长。

3. 司法统计自动生成

司法统计是人民法院对一定时期内收、结案，以及案件审理、执行情况进行的统计分析，以司法统计报表为主要表现形式，通过统计报表数据反映人民法院审判工作的综合情况。司法统计是人民法院量化审判信息的主渠道，为领导决策提供重要参考。可以说，没有司法统计就谈不上对法院的科学管理。山东法院案件数量占全国法院案件数量比重较大，其统计数据的准确与否直接影响着全国法院统计工作的质量。随着法院工作的日益繁重和复杂，人民法院要统计的数据越来越多，范围越来越广，承担的任务越来越重。

随着最高人民法院司法统计数据集中平台的应用不断深入，司法统计于2017年1月1日实现并轨。山东省高级人民法院2016年6月完成全省各级法院司法统计软件开发，7月完成与最高人民法院联调并报送数据，数据一致率超过99%。

山东省高级人民法院统一开发的司法统计系统，按月自动生成系列司法统计报表，覆盖山东省内所有法院。
每家法院均可以通过用户名、密码登录系统查询本院的
司法统计数据。省高级人民法院、中级人民法院还可以
进行辖区内的司法统计。按照最高人民法院提供的算法
进行统计，数据源来自数据中心的案件数据已做到了全
省法院司法统计系统统计口径一致、数据源一致、程序
版本一致。

4. 数据冗余备份

山东省高级人民法院为全省法院审判执行业务数据实
施冗余备份，以确保数据安全性。省高级人民法院自
2009 年起每天通过全省法院数据管理平台在夜间非工作
时间采集、备份全省法院案件数据信息，保证每天保留 1
份最新的全省法院审判执行业务数据。自 2011 年 1 月起，
省高级人民法院向最高人民法院传送山东法院审判执行
案件信息。最高人民法院每天保存 1 份完整的山东全省法
院的审判执行案件信息，数据冗余备份率达到 100%。

（五）开展智慧创新

1. 云海支撑平台

山东作为年收结案过百万件的"诉讼大省"，平均每

个工作日收结案将近 5000 件，产生了大量的诉讼数据。如何充分利用这些十余年来形成的沉寂的数据，唤醒它们，并为审判执行、司法便民和司法管理提供有益的帮助，是摆在法院信息化工作面前的重要课题。

实践中，一方面是利用数据服务审判执行的需求十分旺盛，而另一方面则是原有的信息系统还远不能满足需求。比如，某基层法院普通法官要查询当事人"李磊"在全省法院的涉诉涉执信息，以及该当事人地址信息、诚信信息、涉诉涉执区域分布信息等，而通过 30 秒左右的检索，该法院当前系统能够提供的只有"李磊"在本级法院的涉诉涉执简要信息，无法提供其他有关内容。又比如，某当事人诉前要进行风险咨询，想知道类似案件在山东全省平均审理期限是多少天，最快和最慢分别是多少天，诉讼风险有多大，类似案件的审判结果情况，胜诉后类似案件执行到位率能达到多少以及哪些法官审理此类案件较多。而依靠原有的系统，任何法院任何法官都只能"跟着感觉走"，无法提供精准服务。再比如，省高级人民法院要对全省法院刑事案件进行深度调研，对案发地域和被告人基本信息（年龄、身份、户籍、文化程度）进行比较，并从时空条件、犯罪起因、犯罪故意、犯罪过程、犯罪结果等方面对犯罪过程进行梳理剖析，进而得出结论，但原有的系统无法提供此类服务。

为此，山东法院创新数据治理机制，积极探索将法院数据"委托"给有资质的数据运维公司，探索"公司搭建环境、专家治理数据、法官使用成果"的信息化运行模式。在此背景下，山东法院"云海支撑平台"（以下简称支撑平台）应运而生。该平台于 2016 年 7 月启动并于 9 月试点应用。支撑平台充分利用云计算、大数据等先进技术，结合全省法院信息化实际，采用"平台 + 服务"模式提供服务。支撑平台分为云基础资源平台、云资源管理平台和大数据支撑平台三部分。

云基础资源平台通过虚拟化、分布式计算、分布式存储等先进云计算技术，提供高质量、低成本的云基础资源服务，降低 IT 环境复杂性，按需提供服务的自助管理基础架构汇集成高效资源池，以更好地支撑服务全省法院信息化平台系统。支撑平台采用面向服务的架构，遵循"ISO/IEC 17788：2014"和"ISO/IEC 17789：2014"两项云计算国际标准，提供超过 600 核心的计算资源池和超过 200 T 的存储资源池，现已经达到国内先进水平。

云资源管理平台是在云基础资源平台之上，通过对硬件资源（服务器、存储和网络）进行实时监控和管理，实现虚拟资源的抽象化管理，进而提供资源监控、管理与调度、资源使用流程审计等功能。

大数据支撑平台通过数据抽取、清洗、转换、关联、比对、标识等过程，建立起一个安全、可靠、稳定、高效的数据服务平台。

总体来看，山东法院"云海支撑平台"具备"更快、更强、更放心"的优势。一是服务速度更快。大数据支撑平台建设基于业界最先进的软硬件融合平台，在充分激发软硬件潜能的同时，对软硬件进行深度解耦拆分。软件层面采用国际主流开放体系的技术路线，基于分布式基础框架，应对法务大数据处理的数据量大、结构复杂、处理方式多元等特点进行深度整合和功能增强，构建成熟稳定的大数据软硬件融合技术支撑服务。如截至 2016 年 9 月底，在法务检索领域和深度调研领域，普通法官在海量诉讼数据中查询"李磊"15 年来在山东法院的诉讼概况，通过普通方式需要 30 秒左右的时间，且只能查询本级法院范围内信息，而通过云海审判支撑平台只需要 0.5 秒左右，即可检索出 586 条"李磊"在山东各级法院的涉案信息（含姓名重名），并可根据身份证号、诉讼地位、执行到位率、主要涉诉区域等进行后续分析，查询速度提高了几十倍，真正实现了"一键秒查"。二是服务能力更强。支撑平台运用先进的大数据工具，针对各类数据进行深度挖掘，重新进行组织和加工，形成标准数据并集中存储，将数据变为有价值的信息资产，并以服务的方式提供给法院、法官和社会公众。支撑平台将山东法院十余年来形成的结构化和非结构化数据予以汇总加工处理，形成统一标准的"原材料"，供审判执行、司法便民、司法管理领域的各类应用软件均可无障碍调用。以山东省高级人民法院为例，在62个主要业务系统中，90%以上的系统可直接调用支撑平台提供的"原材料"。而在司法便民领域，普通群众也可以通过支撑平台轻易获得全省范围内的包括审理时限、类案胜诉率、执行到位率、类案文书、风险评估等服务统计信息。三是使用更加放心。支撑平台对底层的各类数据统一封装，为法官提供数据服务。法官甚至信息中心人员也无须顾虑数据资源的存储状态、位置、格式类型，只需要调用数据即可，进而为山东法院提供可靠、安全、容错、易用的集群管理能力。

2. 执行智慧管理

实现基本解决"执行难"的目标必须借力信息化。传统系统在此方面也存在改进空间。比如，在所有未执结的案件中，哪些案件是"执行不能"，哪些案件是"执行乱作为"，哪些案件是"执行不作为"，哪些案件存在"拖延执行"倾向，哪些案件存在"选择性执行"倾向，哪些案件存在"干扰执行"倾向，原有系统无法进行统计分析。又比如，执行法官要根据被执行人在全省法院的执行到位情况，分析该被执行人的诚信信息，进而确定合适的执行方案，目前的系统无法提供分析和服务。再比如，社会公众在诉讼前和执行前，要对被告的诚信信息和被执行信息进行评估，进而合理准确地确定纠纷解决中的诉讼风险和执行风险，判断是通过诉讼还是其他途径解决纠纷，是通过强制执行还是执行和解方式解决，原有系统也无法提供分析和参考。

为此，山东法院积极创新执行管理模式，大胆探索。自2016年8月起开发应用执行管家系统，建立山东法院规范执行的数字化评价体系。该系统通过对执行流程和执行实体数据分析汇总，搭建起规范执行的边界模型和判断标准，实现对"执行规范"与"执行失范"、"执行不能"

与"执行不为"、"正常执行"与"干扰执行"、"执行风险"与"当事人交易风险"等因素的智能判断并提出预警，进而将执行权力关进制度的笼子里。同时，该系统的运行还有利于厘清当事人交易风险、商业风险和人民法院执行难的界限，形成执行法院、上级法院以及当事人对执行案件多位一体的监督管理功能，有效解决执行不规范的问题。

执行管家系统具备执行质效管理、执行难度分析、执行失范预警、执行干扰分析、审判执行信息关联、自动形成工作通报等功能，并可对全省法院执行队伍、执行款物和长期未结案件、终本案件等执行热点难点信息进行实时掌控和评估分析。

该系统通过分析利用全国法院统一的执行案件流程信息管理系统中的大量节点数据，利用大数据分析工具进行归纳汇总并得出主要结论。通过以可视化的动态图表为主的展现形式，将纷繁杂乱的数据直观展现。另外，该系统还具有较强的审执关联性。系统在审判业务与执行业务之间搭建起一座桥，做到信息往来自由，实现审判为执行提供线索和分析，执行为审判提供判决参考，共同做到案结事了。如，一键点击即可实现系统自动为执行法官推送涉执当事人在全省法院的涉诉涉执信息和诚信度。此外，系统还实现了智能服务。平台面向法院领导、执行人员和执行管理人员开放应用，可发挥"执行失范"、外界干扰执行自动预警、线索智能分析、通报自动生成等功能，对执行法官的司法行为作出智能预警和判断，对法官受到的外界干扰全程留痕，对涉执当事人的信用情况进行分析。总之，在不增加法官额外工作负担的前提下，执行管家系统既是执行法官的工作助手，也是法官的监督者，更是法官的保护者。

这套系统使执行工作的宏观管理和具体部署更加科学、准确，能够真实地掌握执行难的成因，进而对症下药。山东省高级人民法院通过系统认真分析执行难成因，召开解决执行难专题党组扩大会议，在系统生成数据的基础上研究制订了山东法院基本解决执行难的推进方案。省高级人民法院执行局通过系统分析发现，全省法院有少数执行案件查询到财产后的跟进处置措施不及时，于9月29日召开全省执行工作视频会议进行了针对性部署。执行业务部门根据执行线索归类分析，帮助执行法官确定执行方案，提升执结到位率。系统运行后的9月，全省各级法院实际执结案件数量较上年同期增长32.2%。另一方面，通过将被执行人诚信信息、执行到位信息融入便民诉讼服务系统，使得涉诉当事人方便地获取精准涉执服务，进而准确评估诉讼和执行风险。

3. 网络公告平台

送达是法院案件审理、执行的必备环节。公告送达作为一种补救性的送达方式可以产生推定送达的法律效力。但是，传统的公告送达在当下暴露出诸多弊端。从多年的调研结果来看，公告送达后当事人到庭的情况极为罕见。以临沂市兰山区人民法院为例，2015年公告送达开庭传票共532案620人次，当事人到庭的仅有5案、5人次，到庭率不足1%，99%的公告案件为缺席审理、缺席判决。一方当事人的缺席，必然导致原被告双方的失衡，很大程度上直接影响到审理结果的公正。同时，公告送达案件数量逐年增长，以潍坊中院为例，2013—2015年的公告送达适用率分别为10.3%、10.8%、11.1%。① 因此，如何利用信息化手段提升公告送达的"到达率"和"及时率"，破解传统公告"送

---

① 《山东高院关于民商事案件送达问题的调研报告》，《人民法院报》2016年12月8日。

达难"成为迫切需要解决的现实问题。

依据2015年《最高人民法院关于适用〈中华人民共和国民事诉讼法〉的解释》的规定，"信息网络等媒体"可以单独作为一种正式公告方式。山东法院据此运用"互联网+"思维打造了一套送达方式"零成本"、送达内容"易搜索"、版面内容"更详细"、信息渠道"全覆盖"的网络公告送达平台。该平台已于2016年11月启动试用。

山东法院网络公告送达平台方案依托云计算、云存储、互联网、移动应用等多种技术手段，通过便捷、灵活地操作，将法院诉讼文书信息，有序组织、管理和发布，全面满足各级人民法院文书公告送达的应用要求，并在官方微信公众号、微博等平台进行转发，公告效果大为改善。该平台为人民法院大幅缩短办案周期，为诉讼参与人节省诉讼成本，为社会公众提供全方位、一体化的司法公开服务提供了有力的支撑。

送达平台主要实现了以下功能。一是公告信息实时发布。平台可以自动调取审判流程中产生的公告内容并进行发布，发布所需时间以秒计，相较于数天乃至更长的传统公告发布时间，时效性大大提高。二是公告信息多媒介推送。公告文书发布后，送达平台可以自动关联到政务网站、微信等平台，实现公告的增倍效应。三是公告信息全程检索。文书公告送达平台的前台页面分设"民事案件""商事案件""执行案件"等栏目，可通过当事人姓名、推送法院（官）、案号、案由等关键字快速检索。四是公告页面打印与归档。支持在文书公告页面打印时，叠加所属法院的电子印章，打印后与审核签发稿和公告文书一并存入卷宗，作为网络公告送达的依据。

该平台自运行以来取得了较好的效果。一是大幅节省送达时间。这样既增加了法官办案的有效时间，也提高了公告文书送达效率并节省了司法资源，相当于将公告的在途时间由2—3天压缩至接近零天，平均办案时间则相应增加了2—3天。二是真正便利当事人。送达平台充分利用法院现有信息化基础设施、审判应用和业务数据资源，为诉讼参与人、当事人节省公告成本，公告费用由传统模式下的数百元降至免费。三是深化司法公开效果，扩大司法公开范围，把公告信息置于阳光之下，可以更有效地接受人民群众的全方位监督，切实实现以公开促公正、树公信。

4. 全程留痕管理

法院的各类信息系统的运行面临如何全程留痕管理的问题。比如，山东法院目前有 62 个主要应用系统，有的以法官为维度，有的以业务类型为维度，有的以时间为维度，有的以过程为维度，各种留痕信息分布在不同软件区域，无法形成一个"拳头"。又如，当事人来到法院寻求司法服务，系统如何根据其需求的服务类型推送服务信息，如告知他去哪里，怎么去，先干什么后干什么，如何建立和存储当事人的轨迹留痕信息，也是摆在各级法院面前的一道难题。

为切实解决多头开发、各自为政、信息孤岛问题，山东法院创新思路，通过对全省各级法院的结构化数据和非结构化数据进行深度挖掘、统一管理、综合应用，统一规划和建设面向全省法院的"山东法院全程留痕溯源平台"，进而实现全省各级人民法院数据共享、各应用系统数据互联互通。

依托全省各级法院现有各类信息化应用系统，以"人"为核心，以人民法院各类"业务办理程序"为主线，以"事件"为驱动，将业务活动涉及的时间、人、事件、过程四大关键要素定义为"痕迹信息"，并以

"人、事件"为关联依据，依托数字技术、音视频处理技术、物联网技术等形成留痕记录信息，建设纵向覆盖山东全省各级法院、横向覆盖各类应用系统的"山东法院全程留痕溯源平台"，实现痕迹信息的全面采集、梳理、关联和流转，从而为"人和业务活动"提供智能化的信息服务，为"智慧法院"打下扎实基础。

5. 智慧法务平台

要建设智慧法院，就必须让各类系统内存储的信息数据可以有效发挥作用，但原有系统无法提供深度的分析和高质量的服务。比如，从全国范围看，案件管理系统中的案件信息缺少案件关联。针对某一案件，其一审是在哪个法院审理，二审是在哪个法院审理的，以及是否经过再审程序；又或是信访人一共去过哪些法院信访，每次的信访诉求是什么，各级法院的信访工作人员是如何答复信访人的，原系统均无法进行精确统计分析。在法院执行过程中，执行法官尤其是不同法院的执行法官对同一当事人的同一标的物实施执行措施时，无法获取该标的物何时被哪些法院实施过执行措施，无法获知哪些执行措施正在实施，执行标的物的关联的缺失，容易造成对同一标的物重复实施执行措施。再比如，在诉讼案件或者执行过程中，可能出现有的当事人在一个案件中作为原告，而在本院或者其他法院中又作为被告出现；在执行案件中，特定当事人在一个案件中作为申请人，在另外一个案件中又可能作为被执行人。这时就需要提供当事人与案件的关联服务，而原有系统无法提供。当事人之间关联信息的缺失，容易造成司法审判执行的效率低下。

为此，山东法院积极创新案件关联的模式，大胆探索，于2016年8月起开发智慧法务系统，在司法大数据资源的基础上，充分利用全省法院案件信息，利用并行式、分布式计算框架，使用高吞吐量、大并发的信息化手段，将琐碎数据进行关联，形成信息链条，以信息块的形式向法官提供更加全面、快捷的智能检索、智能推送等服务，切实满足法官在办案过程中对各类信息数据的广泛化、准确化、关联化需求，有助于统一裁判尺度，促进同案同判、量刑规范化，提升审判质量和效率。

该系统具有以下主要特点。一是信息智能推送。根据法院干警的操作习惯，自动推送相关信息，包括：时事新闻、公文、信息简报、审批反馈、报表、感兴趣的案件等。二是设置数据关联规则。根据不同关联点形成信息链条，以信息链条形式展示，形成人（包含法官与法官、法官与当事人、法官与律师）、案（一审、二审、再审、执行、信访案件）、物（标的物）的关联。根据当前案件，进行一审、二审、再审、执行、信访案件关联，可以显示经办法院、案号、立案日期、案由、结案日期、判决情况（执行案件显示执行情况、信访案件显示领导历次答复情况，有效避免各级领导答复不一致的情况），每件与之关联的案件都可以查看案件详情和裁判文书。三是积累外部数据资源。通过"网络爬虫"获取法院新闻动态，保证新闻的时效性，大大提高了法官浏览咨询的效率。四是智能分析和数据可视化。该系统可以使山东法院产生的大量的数据集构成数据图像，同时将数据的各个属性值以多维数据的形式表示，对数据进行更深入、多视角的观察和分析。五是有助于实现类案同判。系统可根据案件的案由、起诉请求、本院意见、判决情况等特征关联相似案件并自动推送，供法官判案参考。六是文书自动生成。通过办案系统产生的流程数据和电子卷宗信息可以为80%的案件生成80%的结案裁判文书。七是数据智能回填。系统可根据案件的裁判文书、电子卷宗信息自动回写流程信息。例如，可以根据诉状信息生成部分立案信息，在案件审理时，自动回填送达信息、结案信息等，极大减少了法官录入的工作量。

6. 数据交换管家

随着法院业务系统及开发公司不断增多，各系统之间的数据交换和业务协同变得越来越重要。为了实现司法数据融合和应用整合，法院开发了大量数据接口以实现不同业务系统间的数据交换。同时，法院与外部系统及单位的数据交换也越来越频繁。在山东法院，各类接口多达近百个，而对这些数据交换的管理和监控仍处于缺失状态。为此，山东法院积极探索，2016 年 9 月建设了山东法院数据交换管家系统，一期项目对 9 家技术公司 25 项数据接口进行监管，建立了从数据接口申请、审批，到处理、监控、终止全生命周期的管理机制，通过信息化手段实现对数据接口流程管理、运行监控及调用统计分析，并为开发公司提供辅助功能，有效提高数据接口开发和联调的效率。

数据交换管家系统梳理了山东法院目前的数据交换情况，规范了数据交换管理流程，为山东法院数据实现更高层次的开放共享提供了必要的管理工具，实现了"用信息化工具管理信息化工作"。系统分为接口信息管理、接口流程管理、接口调用分析、接口监控预警、接口辅助工具、用户权限管理等部分，可以实现对法院数据交换全方位的管理。

该系统具备以下几个主要特点。第一，数据交换管理全程留痕。通过接口创建及终止的流程管理，做到了法院接口信息的规范化管理。通过系统，信息化管理人员对法院数据接口的总体情况有了准确的认识，对数据交换的关键流程有了监管能力。第二，接口调用管理可视化。系统整合法院 Web Service、HTTP 等各类数据接口，并通过对数据交换的分析，从管理者、接口提供者、接口使用者不同角度提供了丰富的图表分析展示功能，让管理者能直观地获知数据交换的运行状况。第三，接口管理智能预警。系统实现各类接口运行状态的监控，并整合短信等通知手段，一旦出现数据接口运行状态发生异常的情况，则自动向相关人员发送预警，从而确保接口的长期稳定运行。第四，全面推进深度共享。系统能够最大限度地方便开发公司查看、开发和调用山东法院司法数据接口，为数据的开放共享提供强有力的技术支持和基础服务。

7. 建设刑事快办协同办案系统

2016 年初，山东法院积极探索，选择淄博市淄川区人民法院作为试点，协调当地政法委出台《淄川区轻微刑事案件快速办理机制细则》，统一速裁标准，建立速裁流程，打通与侦查机关、检察机关的网络互联，开发应用《山东法院刑事快办协同办案系统》，实现简案快审，以较小的司法成本取得较好的法律效果。

协同办案系统实现了以下功能：一是实现统一标准，简案快办。各部门共用一个平台办案，使公检法司各部门互联互通，共用系统办理简单案件，既统一适用标准，又促进刑事诉讼全流程简化提速。系统建立了办案整体联动机制，侦查期限不超过 15 日、审查起诉期限不超过 7 日、审理期限不超过 7 日、司法局进行社会调查及指定律师提供法律帮助期限不超过 3 日，这样使整个办案期限基本控制在 1 个月。2016 年 6 月 12 日，淄川区法院应用该机制对刘某某、陈某等 7 起轻微刑事案件进行了集中公开开庭审理，并当庭予以宣判。公诉人和律师参与了庭审活动，30 余名群众参加了旁听。7 起案件庭审及宣判共用时 100 分钟，审限只有 7 天，避免了因羁押期限超过应受处罚刑期而导致的量刑失衡。二是实现案件信息和案卷无纸化流转。系统中 20 余类诉讼文书和大量案卷信息实现网上流转，整个流程一次录入，各政法部门按权限共享。以淄川区法院为例，公安机关形成的电子卷宗可以直接进入系统，法官审查时间较往常提前 5 天左右，并且往常的审查只能看纸质侦查卷宗，不可能看到电子版的侦查卷宗。被告人身份信息、采取强制措施信息等几十项信息在公安机关形成后，检察机关、审判机关和司法部门均可直接调用，无须重复录入。人民法院形成的出庭通知书、判决书、执行通知书等则实现"一键送达"，避免书记员进行专门送达，仅此一项，每年可减少书记员往返检察机关、看守所和司法局数百次。三是智能管理，全程留痕。系统中近 30 项常用表格实现一键生成，节点自动提醒，信息缺失自动预警，案件信息自动关联，同时实现与法院审判业务主系统的数据关联，系统数据时时回填主系统。所有操作各政法部门按权限分配，实现各有各权，各干各事，操作全程留痕。

运行以来，协同办案系统取得了显著效果。截至 2016 年 10 月 30 日淄川区法院共受理轻微刑事案件 81 件，审结 81 件，占同期结案数的 41.74%，审结率达

100%，案件审限均控制在一周以内，从侦查、起诉到审理，整个办案期限均不超过一个月。

8. 建设互联网法庭服务平台

2015年以来，山东法院大胆探索，采用"互联网＋法庭"的模式，选取部分法律关系明确、争议不大的民商事一审案件，充分利用互联网特别是移动互联网，为庭审参与各方特别是当事人一方提供便捷、安全的网上开庭服务。2015年6月30日，山东省沂源县人民法院利用该系统，连线定居在澳大利亚的当事人，在原告家中顺利地开庭调解了一起赠与合同纠纷。

系统主要实现了以下功能：一是方便当事人诉讼。互联网庭审系统采用"互联网＋法庭"的庭审模式，不受庭审参与人所在地域限制，审判人员在本地，庭审参与人遍布在互联网的任何位置，均可开启庭审，并进行同步刻录。互联网庭审方式中，当事人、证人、律师等不需要在途时间的花费，只需要在网络实时视频中出现即可，无须等待当事人等到庭参与庭审，缩短了办案周期。同时，软件既可以是WEB应用或者windows客户端，也可以是手机和平板电脑APP，满足了群众的多元诉讼需求。二是多场景应用。系统同时也可扩展为网上调解、网上作证等多种应用，为法院工作提供便利。三是部署简易。系统通过山东法院云海支撑平台进行部署，普通科技法庭只增添视频交互设备，即具备互联网法庭全部功能，部署方式简便。四是方便安全实施管理。根据各当事人的状态，可以方便地呼入庭审、剔除、静音、关闭摄像头等操作。系统根据当事人在客户端登录时输入的身份证号和手机号与排期信息中当事人信息进行匹配，并向排期中记录的当事人手机号发送动态验证码，通过"姓名＋身份证号＋手机号码＋动态验证码"的方式进行用户登录认证。

小结

山东法院信息化历经启动、整合提升、迈进 3.0 三个阶段的发展，在全面覆盖、移动互联、跨界融合、深度应用、透明便民、安全可控等方面取得了显著成效。评估表明，按照最高人民法院制订的《人民法院信息化评价指标体系（试行版）》及其指标计算方法，山东法院信息化在从以互联互通为主要特征的人民法院信息化 2.0 版向以智慧法院为主要特征的人民法院信息化 3.0 版的转型升级方面，整体成绩斐然，但仍然有改进完善之处（见图 1）。

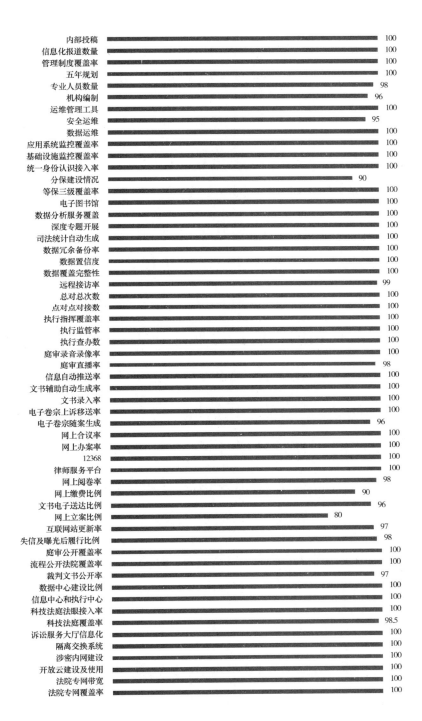

图 1　山东法院信息化 3.0 版实现指数（%）

二 前提：培养互联网思维

信息技术是法院信息化的基础，人是法院推进信息化建设的关键要素。《2006—2020年国家信息化发展战略》指出，当前中国信息化发展存在着一些亟待解决的问题，其中第一点就是"思想认识需要进一步提高"，即"我国是在工业化不断加快、体制改革不断深化的条件下推进信息化的，信息化理论和实践还不够成熟，全社会对推进信息化的重要性、紧迫性的认识需要进一步提高"。法院信息化是人民法院一场深刻的自我革命，不仅推动了法院工作模式的变革，更要求并促成法院工作人员的观念革新。法院信息化对人的观念的冲击最为剧烈，而信息化进展对人的依赖也最为显著。可以说，法院信息化成功的关键在于法官的观念是否能够转变以适应其发展的要求。

（一）信息化对人的素质提出更高要求

党的十八届五中全会提出创新、协调、绿色、开放、共享发展的理念，大力实施网络强国战略、"互联网＋"

行动计划、国家大数据战略等重大部署，这对人民法院信息化建设提出了更高要求。信息化给人的观念带来剧烈冲击，观念的改变可以促进法院工作模式的革新，而新的工作模式又进一步要求法官持续转变观念以适应信息化水平的发展。这是一个观念与实践良性互动、循环发展的过程，对法官素质提出了不同于以往的更高要求。

1. 更加开放的心态

法院信息化要求法院干警对信息技术保持开放的心态，注重增强自主学习的能力，摒弃传统工作模式下等待、拖延、依靠的消极心态。信息科技革命发展日新月异，中国自1994年接入互联网以来，互联网技术迅猛发展，不断演化出新的逻辑，呈现新的特征。自2014年起，中国互联网发展进入新的十年腾飞时期，宽带化、移动性、泛在性成为互联网应用的显著特征，大数据、智能化、移动互联网和云计算广泛进入社会各领域。新技术在法院信息化过程中持续不断地得以运用，例如，云技术一经问世便对法院工作产生了实质性的影响。直到今天，云平台都是一项比较前沿的技术，2012年前后，云技术被运用到法院信息化过程中，这要求法院干警尽快接纳与掌握新颖的云技术概念、云计算思维，并运用于工作之中。与传统法官熟悉工作流程主要靠日积月累的经验有着显著的不同，云技术对法院的各项工作的推动是跨越式的，在时间上要求更加迅速，在观念上要求更加开放，因为稍有懈怠便会跟不上技术发展的步伐。

2013 年，山东省高级人民法院信息中心着手建设全省法院云计算中心。该中心集网络监管、分析研判、图像处理、数据交换、司法公开、舆情监测、指挥调度、观摩展示、培训教学和远程协作等多种功能于一体，是山东法院信息化发展的司法集中管理中心。"法务云"系统要求一线法官与时俱进，对接最先进的互联网技术，自主学习和掌握新技术，以适应信息化的要求。再以微博为例，其自出现到成为重要的社交媒介仅用了短短几年时间，其间微信也腾空而出，成为主流社交媒介之一，并逐渐取代了短信在信息交流中的地位，这两种媒介迅速成为人民法院进行舆论宣传、信息公开和接受群众监督的重要平台。在这种形势下，法官需要对新鲜事物保持高度的敏锐性，并主动学习其基本操作，才能够充分利用"两微"提升工作水平。

2. 更强的责任意识

法院信息化要求法院干警对工作中的所有节点必须做到精确无误，消除轻视程序和依赖事后检查弥补的心态，提高责任意识。在传统法院工作模式之下，庭审过程并未被严格记录，审理过程出现瑕疵也难以追究责任。即使出现差错，也可以在庭审结束后，通过检查对工作中的疏漏和错误进行弥补和修正，例如对庭审笔录等文本进行事后检查完善等。但信息化工作模式下，各类数据与审判过程几乎同步生成并上传，庭审过程被电子设备全程记录，程序上容不得任何瑕疵存在，事后补救再行存档的可能性也大大降低。高清技术的数字化法庭的建立使所有开庭审理的案件均可进行庭审音视频和笔录同步展示，法庭笔录当庭生成并交由相关人员检查签字。大部分法院还实现了纸质卷宗、电子卷宗和庭审光盘同步归档，这不但使庭审过程全程留痕，更有助于本院负责人、上级法院乃至社会公众随时监督。另外，数据上传的顺畅性也对法官工作的准确性制定了更为严格的标准，山东法院大部分系统已做到"一次录入、多次使用"。例如，在公布裁判文书时，基层法院点击上传后不用再进行其他任何操作，就可以直接上传到中国裁判文书网。审判数据管理系统做到实时采集审判执行各项业务数据，实时生成审判态势、案件质效、法官业绩等指标，并在审判管理网上实时反映。系统采用云技术对庭审中的不规范问题进行自动识别监测，促进庭审规范化。这种"一步到位"的数据传输模式要求审判工作也必须一步到位，不给任何事后补救行为留有余地。山东省莱芜市中级人民法院目前已依托信息化实现庭审评查常态化，仅 2015 年下半年就利用庭审直播系统在线评查庭审 45 次；修订完善了刑事、民事和行政庭审规则，使庭审活动更加规范；规范裁判文书样式，推广应用裁判文书纠错系统，提高了裁判文书制作水平。可以说，法院信息化系统建设和一系列应用在方便法官办案的同时，也对法院工作人员的责任心、工作成效提出了更高的要求。

3. 更快的反应速度

法院信息化要求法院干警对本职工作时刻保持积极性和待命状态，对当事人和相关群众的意见诉求及时处理，不可消极懈怠，敷衍塞责。开通远程立案系统和远程接访系统，一方面为群众及时得到司法服务提供了便利，另一方面缩短了法院干警对于当事人和群众诉求作出反应的时间，时空限制不再成为工作进度延缓的理由或借口。除上述两种途径之外，山东有些法院还开通了联系法官的新渠道，如烟台市人民法院开通了网上热线和群众来信处理系统，这使得工作任务以更快的速度呈现在法官面前。另外，诉讼自助系统、短信服务平台和律师服务平台需为当事人和律师提供形式多样、方便快捷的诉讼服务；电子卷宗需及时上传流转；相关数据必须及时公开；等等。这些节点管理都无形中对干警的工作效率提出更高要求。例如，莱芜市中级人民法院建立"上诉卷宗流转监管机制"，明确限定基层法院在一审审判庭、立案庭和二审立案庭、审判庭等各节点卷宗的流转时间。如基层法院上诉卷宗在途时间平均为25天，同比缩短了60%，而时间缩短的背后是法官时间观念的增强和工作效率的提高。信息化使审判工作中各个节点环环相扣，一个环节出现延迟势必妨碍其他程序的顺利进行，产生不利后果，因此不容有失。

4. 权力行使更规范

信息化要求法院干警更加廉洁自律，必须奉公执法。传统监督模式对法院干警的行为缺乏实时而有效的监督。公开是最好的防腐剂，司法权在阳光下运行、接受广泛监督，暗箱操作没有了生存空间，法官的权力得到了规范，将有效地预防腐败的发生。山东各级法院在司法公开方面做了积极的探索。例如，济南市中级人民法院建成裁判文书公开系统，增加了结案后文书自动读取、未生效文书自动识别处理以及实时汇总分析全市法院和法官个人文书公开率以及未公开原因等功能。日照市中级人民法院建立了案件"三回访"制度（短信、电话、当面回访），主动接受监督考验，对法官行为不徇私、不护短。

阳光司法可以满足人民群众日益增长的多元化司法需求，用公开透明实现答疑解惑、说理服人，实现让人民群众在司法个案中感受到公平正义并不断提升司法公信力的改革目标，各级法院干警必须在思想意识上清楚地认识到这一点，并正其言行，勇于接受来自人民群众和社会各界的各种形式的监督。

（二）信息化对人的观念造成剧烈冲击

信息化是渗透到社会各个领域的历史潮流，身处这一潮流之中的法官可以从各种不同的角度感受到信息化带来的观念冲击。具体到法院工作，信息化给法官带来的心理影响有积极影响和消极影响两个方面。从积极影响方面来看，信息化渗透至社会生活方方面面的现实使法官们意识到法院工作信息化的必然性和重要性，同时，现有法院信息化取得的成果也惠及法官群体，让他们切身感受到了信息化带来的益处，从而有利于一线法官接纳和自主学习信息技术。例如，目前已经建立起的远程立案、远程接访、远程审讯系统，不仅为法官提供了便利，也减少了当事人及其代理人的奔波之苦；数据化的办公系统和案卷处理系统将法官从卷帙浩繁的纸质案卷中解脱出来，迅速、准确、便利地检索法律法规和相关案卷，节省了办案时间，减轻了法官的工作负担；执行案件查控网络平台实现了与银行、工商、税务、车管、国土、房产等单位的工作协同，对解决困扰法官已久的执行难问题起到了关键作用。但从消极影响方面来看，信息化过程中存在的问题也令法官有不适应之处，甚至使其产生抗拒心理。

1. 对法院信息化的重要性认识不够

在法院信息化推进过程中，仍有部分法官未能充分认识到信息化的必然性和重要性，进而影响其接纳信息化、学习信息技术的积极性。实践中，部分法官对信息化工作的理解比较肤浅，停留在表面，认为信息技术之于法院可有可无，在其看来，多少年来没有信息技术照样办案，故其对现代信息技术的发展之快、运用之广、渗透之强，以及对人民法院工作的影响之大缺乏应有的认识，更谈不上对做好新时期人民法院信息化工作应有的责任感、紧迫感和使命感。部分法官在思想意识上将审判工作与信息化割裂开来，认为信息技术应用是信息中心等纯技术部门的职责，这种想法造成了"懂技术的人不懂业务，懂业务的人不懂技术"的尴尬境地，这种局面之下的法院信息化工作也必然受到影响。例如，部分法院网站仅依靠专门技术人员制作和维护，导致一些基本的法律常识性错误都不能及时被发现；由于网站制作维护人员不懂业务流程，当事人或普通百姓在网络上寻求司法服务时不能从门户网站顺畅地与法官取得联系，从而导致所谓的信息化无法满足人民群众的司法需求。因此，可以说，如果在认识上仅把法院信息化当作一项不得已而为之的任务，不能从根本上认识到信息化和审判业务间的密切关系，那么，将很难把法院工作做好，更不用说创新与改革，这也有悖于法院信息化的目标和使命。

2. 法院信息化对法官权力形成掣肘

相较于传统法院工作模式，信息化工作模式则会给法官办案带来更多限制，部分法官宁可抱残守缺、因循守旧，也不愿接受新的挑战。信息化对法官的素质与行为提出了更高的要求，这些要求首先表现为对法官的行为设置了更多限制，如不可无故拖延、不可轻视程序、不可事后补救、不可消极懈怠、不可渎职等。这些限制实际上称不上是很高的要求，但要不打折扣完全做到却非易事。特别是传统工作模式对个别不合规行为睁一只眼闭一只眼的放纵做法积习已久，一旦由粗放管理转入精细化管理，新制度之下的"老人"感到不适应就在所难免。例如，在法院信息化之前，法官对某些事项有着专属于自己的自由裁量权，有些做法可能处于临近或轻微踩界的灰色地带，但是由于法官行为没有被完全置于监督之下，所以其具有一定的隐蔽性，存在暗箱操作的可能，这种现象被称为"法官权力在抽屉里"。法院信息化通过信息系统对法官的行为进行监督和控制，对案件信息同步掌握，消除了法官行为的隐蔽性，最大限度地减少法官的自由裁量权，使其唯有按部就班，严格按照规定行使权力。

3. 信息化的接受程度存在个体差异

许多法官之所以不愿意、不积极使用信息化系统，与其自身的观念、心理和知识结构存在密切关联。例如，一些法官对信息化时代互联网技术本不熟悉，难以在短时间内接受并熟练掌握新鲜事物；一些法官知识结构老化，从而对新技术产生了畏惧心理。这一心理障碍与法官的年龄分布和学历构成有着密切的相关性。一些年龄较大、学历较低的法官在其早期教育背景中缺乏计算机、网络等知识内容，在法院信息化工作开展时缺乏互联网思维，因而一些看似基础的概念名词对其而言都难以接受，即便是基本的操作系统他们也需要从零起步。在移动互联网快速发展、移动通信日益智能化的今天，仍有法官缺乏基本的信息技术认知和使用技能，对一些早已深入生活的信息技术陌生不解。就手机技术而言，不少人只会使用手机的通话功能，对网上约车、在线订票、在线购物、在线支付等不了解、不敢用、不会用的情况较为普遍，更不用说利用智能手机、平板电脑等开展工作。山东法院在多年的信息化建设中，网络建设成效显著，基本实现了案件流程管理、远程庭审观摩、视频会议系统、远程立案、电子签章等功能。然而，与如此完备的、全覆盖的信息系统相比，仍有少数法院工作人员的计算机知识不能适应新系统的要求，工作能力仅仅停留在打字、打印材料等简单操作上，个别法官甚至连系统中的法律法规查询、电子表格制作、电子邮件的收发等基本功能都不会使用，既浪费了网络资源，也导致工作效率低下。这些群体对已经习以为常的有纸化办公、纸质卷宗以及面对面的工作方式有着长期依赖，各种信息系统以及网上办案、网上办公等非但不会为其带来便利感，反而会徒增不必要的工作量，甚至会使其从心灵深处畏惧这样的方式。对生活和工作中的信息技术的不适应，不仅与人的教育背景、生活环境、自身接受新事物的能力有关，也与技术革新迅猛发展有关。法院信息化工作给所有人的适应时间是相同的，不会因为个别人而拖延整体进度。因此，这部分法官学习信息技术，适应信息化办公的过程必然充满着障碍并需要付出数倍于他人的努力，其产生畏难情绪也是人之常情。

4. 永远不存在完美无瑕的信息系统

法院信息系统的缺陷是一些法院干警排斥信息化的重要因素。现实中，任何信息系统都无法做到完美无缺，而只有在使用过程中，才能发现技术供给与使用需求之间的缺口，不断提升其友好性、实用性，并伴随着使用者需求的日益提升而不断完善。法院的各类信息系统也是如此，受信息系统开发人员认识程度、技术水平等制约，法院的各类信息系统无法做到一步到位、立竿见影，甚至有的系统一开始还不能满足审判执行等各项工作的需求，没有完全做到便利干警办案，可能还会适得其反。这些存在这样或那样不足的系统在使用之初可能会增加工作负担，使一些干警对采纳新技术、使用新系统产生畏难、抵触情绪。另外，一些地区信息化建设的顶层设计不理想，信息技术与审判工作融合不够，网上办公办案覆盖率不高，干警在办公办案中感受不到信息技术的好处。还有一些法院在技术手段上存在缺陷，容易出现数据处理不统一、多次上传数据、不同层级法院系统不兼容等可能导致重复劳动的问题。案多人少本已是当前法院工作面临的突出问题，而各类信息系统的上线不但会改变传统的工作模式与流程，还会因为信息系统的不成熟而让法官等在其中不断试错，徒费心力。以山东省高级人民法院的统计为例，全省法院办案数量由 1978 年的不到 2 万件增加到现在的 100 余万件，2016 年收、结案双双突破了 138 万件，而山东省现有法官 13312 人，每年人均处理案件超过 100 件。信息系统的不断上线运行，需要把各类案件信息录入系统，如果信息技术不够完善，或者办公平台缺乏个性化，不适应当地的实际情况，那么对于干警而言，则是在他们本就繁重的工作任务上徒增负担，其工作量可能会是传统工作模式下的几倍。再加上法院信息化推进过程中的一些做法不注重人性化，缺乏科学性，客观上也难免导致部分干警产生抵触心理。

（三）山东法院培育互联网思维的路径

人的观念和素质是做好法院信息化工作的关键性问题，能否让法院信息化第一梯队用户——法院干警具备信息化思维，提高其信息化素质，使其积极接受法院信息化的各项理念，积极使用各类系统，积极提出自身需求，决定了法院信息化能走多快、能走多远。山东法院在推进法院信息化 3.0 版的过程中注意到人在法院信息化中的关键作用，不回避全省法院干警在信息化观念与素质上存在的地区差异、年龄差异、学科背景差异等，从小处入手、从制度机制入手，力求让干警全员跟上信息化的步伐。近年来，山东省高级人民法院对于人民法院信息化建设统一部署，对下级法院的信息化工作严格督促，在排除法官心理障碍、提升信息化素养方面采取了多项措施，收效甚好。

1. 统一认识，完善组织领导

首先，把统一思想认识作为法院信息化工作的基础抓手。思想认识是行动的先导。近年来，山东省高级人民法院紧紧围绕全面推进依法治国战略部署，大力推进人民法院信息化建设，首先做到在思想上统一全省三级法院法官的认识。山东省高级人民法院多次召开全省法院系统信息化工作会议，传达上级要求，对全省法院信息化的具体工作作出统一部署，要求各级法院熟悉互联网思维，掌握互联网技术，秉承大数据、大格局、大服务理念，为信息化工作持续发展提供坚实可靠的保障。在信息化工作上，全省法官要不断提高对信息化重要性的认识，从"科学技术是第一生产力"的角度出发，把信息化作为人民法院现代化建设的一项战略性、基础性和全局性工程，使信息化工作与审判执行工作同部署、同安排、同落实、同检查。

其次，发挥领导干部学习信息技术的示范作用。信息化工作是"一把手"工程，正所谓"老大难、老大难，一把手重视就不难"。做好法院信息化工作，首先要提升领导干部的思想认识，领导干部在学习信息化技术方面要走在前面，做出表率。消除一线法官对法院信息化的心理障碍，各级领导干部的带头作用不容小觑。在法院信息化过程中，领导者的认识决定应用的力度，管理者的认识决定应用的广度，使用者的认识决定应用的深度。只有各级法院领导树立"大数据、大格局、大服务"理念，不断强化信息化意识和互联网思维，深刻认识信息化建设的重要性，认真总结成功经验，创新思路，才能在更高层次、更高水平上推进人民法院信息化建设，加强决策、指挥、协调等工作，以信息化引领人民法院工作现代化。由于切实认识到领导干部带头的重要性，山东省高级人民法院对信息化培训高度重视，院领导亲自点题举办、多次调度筹备，多次举办全省法院院长培训班，集中对山东省三级法院领导干部进行信息化专题培训。山东省高级人民法院有关领导反复强调，"信息化工作强不强，关键要看领头羊"；在推进信息化建设中，各级法院领导既要当指挥员，又要当战斗员，主动学习信息化知识，准确把握信息化工作规律，把信息化建设推上新水平，为山东法院工作发展提供有力的信息技术支撑。山东省高级人民法院要求，对于法院开通的各类信息系统，领导干部都要先学一步、深学一层，争当信息化管理和应用的行家能手，带动广大干警不断提升信息化应用水平，为法院工作注入新的生机与活力。目前，山东省三级法院均成立了以院长或副院长为组长的信息化工作领导小组，有13家中级人民法院成立了信息化专门管理机构。这种由上至下、专门专业的管理机制能够有效推动信息化工作的普及和持续深入开展。

2. 创新培训，增强思维意识

培训是传播信息化知识、教授信息化技能、明确信息化标准、统一信息化观念认识的重要路径。在法院信息化建设过程中，培训具有十分重要的作用。应当承认，传统的机关培训模式存在一些弊端。部分培训流于形式，以会代训，受众有限，越是一线人员越需要培训，却越难以接触到培训的实质内容。而且，传统培训在有限的培训时间里更多只是侧重于讲授意义、理念、国外做法，"纸上谈兵"、空谈理论现象严重。为了解决这些顽疾，使培训落到实处、具有实操性，山东法院在信息化培训中独树一帜，在提高培训实效方面的做法令人耳目一新。

（1）送技术下基层

为了提高培训的覆盖面，让更多的基层干警跟上法院信息化的步伐，山东法院采取了派出专家到各地市级法院进行信息化培训的做法，通过传授技术提高干警的信息化技能。消除法官对信息化的心理障碍，关键在于让法官切实掌握信息技术，所谓"难者不会，会者不难"。山东省高级人民法院出面，聘请专家，向各地市法院派出信息技术专家，送技术下基层，让一线法官在当地就能学到最先进的技术，不仅节省了在途时间、精力和其他方面的成本，也为他们尽快掌握信息技术、熟练运用各种操作系统提供便利。仅2016年下半年，省高级人民法院向全省中基层法院派出技术专家6批次，通过远程培训、现场指导等方式对法官进行培训，接受培训和指导的中、基层法院法官超过30000人次。

（2）创新方式方法

培训方式必须与时俱进。人的知识结构对其行为方式有着直接的决定作用。山东法院采取了一系列措施来推动法院工作人员的知识结构更新换代，坚决摒弃"坐在办公室，等上级来安排，靠上级来培训"的思想观念。山东法院在培训过程中充分利用技术手段，使培训方式更加灵活，学习模式更加自主。信息技术的推广离不开其自身的运用。山东法院在推进信息化过程中注重采用先进的技术手段，使教学过程本身成为技术运用的直观展现，拉近技术与人的距离。2016 年以来，山东法官培训学院举办了 5 期"全省法院领导干部信息化专题培训班"，对全省法院 1443 名领导干部进行信息化全面培训，立足于让其掌握当前网络安全形势与法院信息工作、大数据和云计算等方面内容。为强化和检验学习效果，培训班还将 Pad 学习终端作为基本学习装备，培训结束时，学员们手持 Pad 学习终端进行结业考试。同时，山东法院还积极拓宽法院信息化的学习渠道。例如，烟台市中级人民法院就推出"个性定制"的信息化教育，让教育培训由面到点。针对法官工作繁忙，时间不固定，有些基层法官要下基层，移动办公的特点，法院建立了"法e通"网络法官学院和手机"微学院"，突破时空限制，实现网络化、移动化学习；还采取培训直通车的模式，定期安排资深法官、专家教授通过视频会议系统授课，实现全市法院一体化培训、自主化选学。技术手段的充分运用增强了信息化教学的趣味性、灵活性，提高了法官的主动性和积极性。

（3）从日常生活入手

信息技术并非高入云端难以掌握，也不是 IT 人士的专属技术，而是一种应用性非常强的技术，并已经深深渗透在每个人的生活、工作中。在当今时代，信息化不仅是做好工作的必备手段，也是享受美好生活的基本技能。只有认识到这一点，才能让广大干警消除对信息化的畏惧心理，从排斥信息化变为拥抱信息化，并爱上信息化、习惯信息化。为此，山东省高级人民法院坚持学用结合、学以致用，把"学网"作为必修课，把"用网"作为基本功，要求法官从微信微博、打车软件、网言网语等基本知识学起。法官们不仅要融会贯通各类信息化知识，还要熟练掌握和操作使用各类高科技设备和信息化软件。通过提高法官的信息化理论和实践水平，可以推动山东法院工作实现新发展。

山东省高级人民法院的信息化培训内容丰富，既有"十三五"规划、安全保密形势、"互联网＋"理念等法院信息化的内容，也有衣食住行等生活中的互联网应用。例如，通过教会学员利用手机 APP 打车、订票、订餐、购物、就医、聊天等，让他们切身感受到信息技术在生活中的广泛应用和给人们带来的各种便利。实际操作的过程也是学习、理解、运用互联网技术，掌握互联网思维的过程。学员们从生活中的信息化技能学习入手，较为容易地转向工作中信息化手段的运用，如微博直播重大案件庭审过程，运用"山东法官学院"APP进行资料检索查询等。这些培训看似是细枝末节，却实现了思维方式和观念转变与信息化的顺利过渡和无缝对接。这种从小处着眼，从实际生活出发的做法，在转变法官观念、消除其对信息化存在的心理障碍方面走出了一条新路，值得借鉴和推广。

山东法院的培训试题设计中有这样一些有趣的内容：

例题一：通过移动互联网可以做哪些事？

    A. 看新闻   B. 打车

    C. 订酒店   D. 以上选项均是

例题二：哪个 APP 可以网上预订酒店？

    A. QQ   B. 淘宝网

    C. 携程旅行   D. 微信

例题三：智能家居是控制家里的整个电器设备，以下哪项是智能家居的功能？

    A. 热水器温湿度调节   B. 与电脑下象棋

    C. 使用 APP 订酒店   D. 拆洗窗帘

例题四：外出时，用到哪些出行软件？

　　A. 爱奇艺　　　　　　　B. 优酷

　　C. 滴滴打车　　　　　　D. 当当网

例题五：以下哪项不是大数据在交通中的应用？

　　A. 公共交通部门发行的一卡通，积累乘客出行的海量数据，通过分时段、分路段的交通出行参数，创建公共交通模型

　　B. 交通部门在道路上预埋或预设传感器，实时收集车流量、客流量信息，形成智慧交通管理系统，制定疏散和管制措施预案

　　C. 人们根据自己的经验选择出行方式

　　D. 路口设置流量监控摄像头

例题六：网上购物带来哪些好的影响？

　　A. 价格低廉、节约时间

　　B. 价格低廉、衣服可以试穿

　　C. 节约时间、立等可取

　　D. 以上都不是

例题七：医疗软件，可以提供哪些功能服务？

　　A. 网上挂号　　　　　　B. 购买处方药

　　C. 远程手术　　　　　　D. 预约抽血

例题八：网上社交，有哪些途径和方式？

    A. 百度　　B. 支付宝　　C. 淘宝网　　D. 微信

例题九：当前应用最广泛的移动支付方式是？

    A. 财付通　　B. 微信　　C. 支付宝　　D. QQ 钱包

例题十：支付宝提供哪些服务？

    A. 水电煤缴费、手机充值、换零钱

    B. 信用卡还款、手机充值、水电煤缴费

    C. 手机充值、换零钱、信用卡还款

    D. 换零钱、转账、外卖

例题十一：下面哪个不属于"互联网＋"？

    A. 传统集市加上互联网成就了淘宝

    B. 传统的红娘加上互联网成就了世纪佳缘

    C. 传统的广告加上互联网成就了微信

    D. 传统通信加上互联网成就了即时通信

例题十二：微商作为一种新型的网络销售模式，已经在网购中占据了绝对地位。微商将商品的销售信息发布在哪里？

    A. 微信　　B. 当当网　　C. 淘宝　　D. 京东商城

例题十三：看病难一直困扰着整个医疗系统，看病前需要排很长时间的队，但看病只需要 3 分钟。因此，网上挂号模式随之出现，以下哪个不属于网上预约模式？

  A. 现场预约　　　　B. 支付宝预约

  C. 电话预约　　　　D. 微信预约

  例题十四：健康小屋为不同需求者提供全自动检测项目，以下哪个不属于健康服务？

  A. 制订运动计划、调节饮食习惯、改善身体状况

  B. 安排心理室做心理疏导、精神压力放松、改善精神压力状况

  C. 提供增高、减肥服务

  D. 人体成分分析（钙、铁、锌……）

  例题十五：以下哪个不属于支付宝的功能？

  A. 信用卡还款　　　B. 订餐

  C. 个人理财　　　　D. 手机充值

  上述例题与法院信息化工作看似无关，实则关系重大，因为它们涉及的信息技术涵盖了生活中的方方面面，掌握了这些生活中的信息技术也就能在很大程度上理解了互联网思维，稍加变化就能顺利过渡到审判工作中对信息化技术的应用。例如，学会如何网购

就清楚了网上缴纳诉讼费的流程；运用手机实现同家人朋友的即时通信，就会理解远程系统如何避免法官和当事人的奔波之苦；掌握形式多样的网上阅读方式，就会在电子阅卷时快速适应、游刃有余；了解了家庭网络摄像头，就会更清楚地意识到职务行为时刻受到监督全程留痕不可松懈；通过发微博、发微信朋友圈和发微信红包，就能熟练操作微博、微信，从而使其成为学习交流业务技能、宣传司法动态的有效平台，也就容易上手"法务通"等法院系统开发的办公通信工具；亲身感受到网络预约挂号对解决看病难问题、提高医疗效率的积极作用，就能更加深刻地领悟信息化的办公系统对于提高审判质效是何等重要；等等。这些题目中的事项来源于生活，具有真实性、生动性、趣味性，不易使法官产生压迫感和畏惧感，有些题目甚至会让人忍俊不禁，有利于法官在轻松的环境中掌握先进的信息技术，克服接受新鲜事物过程中的畏难情绪。这种技术培训模式"润物细无声"，是山东法院系统推进信息化过程中的创新，体现出他们对于信息化工作的重视和尽心尽职，值得其他省份法院系统学习和借鉴。

3. 借助考核，变压力为动力

内生的动力很重要，外生的压力也必不可少。山东法院近年来除了加强组织领导、培训教育，也注重进行考核评估，指导督促各级法院协同推进信息化。

首先，上级法院督促下级法院开展信息化工作，加速法官观念转变。山东省高级人民法院自 2010 年以来，每年均制定年度性的《信息化工作要点》，对当年度重点工作进行安排部署；定期开展评比全省法院信息化工作先进集体和个人的活动；开展专项检查，对单项工作开展重点督促。2016 年山东省高级人民法院共对 24 项单项工作进行了专项督促检查。2016 年 8 月 23 日，山东省高级人民法院在临沂市兰山区人民法院召开了全省法院推进执法办案现场会（兰山会议）后，专门对《山东法院便民服务数字化平台》（鲁高法信明传〔2016〕21 号明传）的统一部署、督促检查进行了专项安排。根据上级关于考核的精神和要求，不再制定专门的《信息化工作考核办法》，而将《信息化工作要点》分解，每年邀请有关专家和部分中级人民法院信息化部门负责人对完成情况进行现场点评或远程观摩，截至 2016 年底，该年度共组织了 3 次现场点评活动。自上而下的督促加速了信息化工作的推进，一部分法官可能在初始阶段感到有些跟不上工作进度，但在紧锣密鼓的部署监督和有效的催促之下，加快了自身思想观念和意识的转变，在客观上有可能是把工作"硬着头皮"赶下来，但其实在不知不觉中实现了主观上的转变和质的飞跃。

其次，开展多种形式的培训考核。对于参加信息化培训的学员，并非单纯地进行培训，而是通过内容创新、考核机制等保证培训达到预期效果。所有参训人员按照省高级人民法院《关于严肃培训纪律进一步加强学风建设的规定》（鲁高法政〔2013〕6号）签订承诺书，全部采用专用Pad完成考试。培训人员培训成绩记入培训档案，本期培训不合格人员继续参加下期培训，连续两次培训不合格人员，通知原单位。

小结

山东省是经济强省，其GDP总量一直位于全国前列，2016年第一季度更是跃居全国第二。同时，山东也是一个大省，人口众多，且省内东中西部发展水平参差不齐，全国发展过程中各地面临的问题在山东皆有所体现。因此，在对全国性问题进行调研时选择山东为样本具有代表性和典型性。在人民法院信息化建设过程中，足以运用山东作为典型范例，折射出全国法院信息化建设过程中值得关注的问题，为这项工作在全国的进一步开展提供可资借鉴的经验及教训。法官在适应信息化工作模式时产生心理障碍并不是山东一省独有的现象，在经济发展水平相当的东部地区，山东问题即是中国东部各省法院信息化过程中面临的共同问题；与东部沿海地区的法院相比，中国经济发展相对落后的中西部地区的信息化水平相对滞后，特别是各种硬件设施的不足更易使法官产生心理障碍，对信息化工作产生抵触心理，而这一点在山东法院的工作中也同样存在。因此，从日常生活入手，培养互联网思维，消除心理障碍，作为山东法院的创造性举措，对全国人民法院信息化工作的开展具有重要的启示性作用，是值得借鉴和推广的有益经验。

三　关键：业务与技术融合

法院信息化建设的核心是将信息技术与法院工作紧密结合，把现代化的技术运用到法院的审判工作与管理工作中。信息化技术能否与审判业务进行创造性融合是法院信息化工作能否取得成功的关键。从现代信息技术应用的角度来看，法院信息化涉及技术与业务两个维度，应当处理好"两条腿走路"的关系。概言之，信息技术与审判业务之间天然地存在隔离，信息技术随着时代的发展每天都在发生日新月异的变化，而人民法院的审判业务则具有一定的稳定性、保守性、规则性，必须与人民群众的生活习惯、国家的法律体系等密切契合。两者在属性上存在一快一慢、求新求稳的区别。所以，信息技术与审判业务的融合过程必定是一个漫长的、螺旋式上升的过程，两者不可偏废或偏重一隅。

实践中，法院信息化建设在处理信息技术与审判业务的关系时面临三方面难题。第一，信息技术与审判业务之间存在着"两张皮"的现象。这表现为新设备、新人员、新软件大规模换代，信息化建设大步向前，但在实际的审判和管理中，工作人员却往往很难全面地实际落实和有效操控这些信息系统。第二，信息系统智能化不够，缺乏易用性、好用性。尽管目前法院已经建立了几乎全覆盖、全流程的信息系统，但是法官和人民群众的使用体验却并不如意。特别是在"案多人少"的司法环境下，法官容易产生"逆反"心理，难以培养起使用习惯。第三，信息系统难以融入审判业务的日常运作中。信息技术发展过快、超前，而审判工作人员距离熟练掌握信息技术的目标存在滞后性，导致信息化没有有机融入法院审判执行和管理工作的各个环节，审判执行流程与管理环节还是按照传统模式运行，其中产生的各类信息往往是事后补录进系统中。尤其是少数干警仅为了应付上级考核而集中在某个时间段来完成信息录入的任务，没能把信息系统作为辅助审判执行和管理工作的重要工具，更多的是将其视为工作累赘，或只是作为工作统计的一种手段。

山东法院在信息化转型升级过程中不可避免地也会遇到上述难题，应对这些难题需要新的思路、新的做法。山东法院已在这方面做了积极有益的探索，获得了良好的成效。信息化不仅给山东法院的审判业务与审判管理带来了革命性的变化，而且使得法院的管理工作水平获得一定的提高。特别是在智慧法院、网络法院建设方面，山东法院较好地融合了信息技术与审判业务，使得两者尽量良性互动，推动法院更好地服务人民群众。具体而言，山东法院的信息化建设经验主要有以下三个方面的内容。

（一）突出应用性

"两张皮"难题指的是当前法院信息化建设的表达与司法审判的实践之间的背离。一方面，法院跟随信息化的大趋势，及时建设信息化平台，更新信息化设备；但另一方面，部分法官在审判实务中仍然没有使用信息化系统，人民群众也无法从信息化中获得便利，这就形成了表达与实践的"两张皮"。例如，不少法院存在司法公开定位不准的问题，这直接导致人民群众对司法公开和信息化的体验较差，未能体现法院信息化的宗旨。

信息化建设中出现的"两张皮"并非一个特殊现象，而是新生事物被人们所接受的一个必经阶段。如何缩短这个阶段，让新生事物顺利落地，是法院信息化建设需要解决的关键问题。山东法院的信息化建设牢牢把握这个难点，不仅将人的观念转变作为落实信息化的首要步骤，还将信息化落实为具体的制度，指导与规训人们的行为，从而将新生事物落实到法院工作人员与人民群众的具体行为中。

1. 建设应用同步推进

在信息化建设和应用过程中，许多法院在投入大量人力和物力建设信息系统之后，却存在重建设轻管理、重建设轻应用、重硬件轻软件的现象。大量先进的信息化硬件设施缺乏较好的与之匹配的软件系统，使得不少法院的信息化应用局限于表格式管理方面。山东法院意识到这个问题后，于 2015 年的全省中级人民法院院长座谈会上，提出信息化建设的核心在于应用，法院信息化建设要牢牢抓住深化应用这一核心，增强"大数据、大格局、大服务"理念，加快建成人民法院信息化 3.0 版，更好地服务人民群众、服务审判执行、服务司法管理。比如，青岛海事法院 2015 年以来加大信息化建设力度，尤其在远程视频方面软件与硬件同步、建设与培训同步、使用与完善同步，建成后马上投入使用，使位于不同地市、相距几百公里的五处海事法庭实现"本地化"，视频应用常态化。

2. 推动干警广泛使用

系统软件必须有人使用。只有在使用过程中才能发挥其功能，也才能发现系统的缺陷，进而优化升级。目前，不少法院的信息化建设出现"两张皮"的现象，既有系统开发无法满足业务需求、法院干警不愿意用的问题，也有因法院干警不使用系统导致系统缺陷难以发现、业务需求难以体现在系统设计中的问题。因此，推进信息化要想将技术供给与业务需求有机结合在一起，就必须发动广大干警使用各类系统，这在推行信息化的初期显得尤为重要。

监督与激励是学习和接受新事物的重要机制。在法院信息化建设迈向3.0版的今天，熟悉并掌握各项信息化系统已经成为司法工作人员必备的业务技能。如果说在信息化建设早期，整个社会环境仍然处在对互联网、计算机等新生技术的探索与适应的阶段，司法工作人员还能有逐步适应的宽松时间，那么，在"互联网＋"时代，社会已经发生了深刻的变化，特别是随着智能手机的普及，微信、微博等信息化软件的传播与应用，紧跟信息化技术的发展已经成为社会各项职业发展的内在要求。因此，将掌握信息化系统的熟练程度纳入绩效考核，从而促进司法工作人员进步是推进法院信息化的题中应有之义。

山东省各级法院在信息系统使用工作考核中进行了诸多制度创新。菏泽市中级人民法院为了推行 OA 办公系统（即 Office Automation System，意为办公自动化系统），实现无纸化办公，制定考核办法，由信息处对全院干警每月登录 OA 系统的天数进行考核。同时建立了综合检查制度，通过"菏泽市法院综合检查系统"，由院领导牵头，每月考核一次各信息化系统的实际应用情况，并发布督察通报。日照市经济开发区人民法院在严格落实日照市中级人民法院管理规定的同时，相继制定了《日照经济开发区法院计算机网络管理办法》《日照经济开发区人民法院计算机网络管理与操作考核暂行办法》等一系列文件，将网络管理规则、管理办法、任务、要求以及相关责任追究等方面以制度的形式确定下来，并将网络运行正式列入岗位目标考核，从根本上规范网络管理，约束、监督干警的行为，保证了法院审判流程、信息管理系统及电子公文传输安全顺利地运行。

（二）提升智能性

在建设法院信息系统的过程中，由于不太注重审判执行工作的实际情况，不了解审判执行工作的需求，造成系统不接地气、不好用。这种重覆盖、轻智能的现象，是信息技术与审判业务之间缺乏知识沟通与经验沟通的典型表现。法院信息系统缺乏智能性、不能很好地服务审判业务的现象表现有：各部门之间的办公软件衔接不畅，法院各部门网络软件不断更新，但部门之间软件使用出现脱节现象；刑事案件量刑、执行司法查控、诉前调解、司法鉴定、司法统计、卷宗归档等各有独立的软件，兼容性差，互相冲突、互相矛盾在所多有，严重影响到功能发挥。

信息系统智能化的关键在于充分把握审判业务的过程与规律，在再造业务流程的同时尽可能尊重法院干警原有的工作习惯。司法改革多年来，中国已经逐步形成了正规化、专业化、职业化的审判执行队伍，队伍自身也形成了稳定的工作习惯。鉴于审判执行活动本身拥有自身的规律，良好的信息系统也应当能够反映出良性审判执行工作的规律性，优化审判执行管理与审判权、执行权的运行，并随着时间和空间的变化进行相应的调整。同时，信息系统也应当以人民群众的需求为原则，做到便民、亲民，提升用户体验。在此方面，山东法院努力建设的"智慧法院"较好地吸收了审判执行业务的规律，并反馈到审判执行活动中去，提升了法院的审判执行质效，客观上便利了人民群众的司法诉讼活动。

1. 吸纳审判业务经验

信息化系统的更新以新科技、新技术为依归，但新技术和新科技只是手段，而不是信息化的目的。法院信息化的最终目的是为审判业务服务，是不断增强人民群众对于审判活动的满意度。因此，无论是硬件还是软件，均有必要为了适应审判活动的发展与人民群众的需求变化而有计划地更新。法院在进行信息化建设规划时，可以适度超前，以新的信息系统来引导审判权力的合理配置与审判流程的规范化。

2015 年，山东省高级人民法院注意到随着应用的深入和相关标准规范的演进，现用软件系统已不能满足工作需要，便组织开发新版审判业务管理系统，新系统先在滨州市两级法院开始运行。相较于此前的信息系统，新系统更加强调系统高度集成、信息充分共享、信息智能推送、司法工作协同。2016 年以来，山东法院着重将网上办公办案由法院内网向移动专网延伸。一方面，法院积极优化基础应用系统。例如，升级审判管理系统以匹配 2016 年 1 月 1 日起新案号和案件信息业务标准。自从 2015 年立案登记制改革全面铺开以来，为了适应案件迅猛增加的形势，山东法院迅速升级信息系统，不断优化自动分案算法，开发业务庭案件管理等新功能。另一方面，随着智能手机的普及与移动网络的发展，山东法院开发了移动办公办案平台，其包括审判工作、行政办公、业务助手、管理设置四大类 30 余项功能，为干警提供案件查询、开庭排期、结案审批、了解法院动态、办案工具、查询法律法规等服务，手机 APP 功能已在山东省各法院进行试运行。

2. 司法数据同步生成

将审判执行过程中产生的信息数据化是法院信息化建设的重要任务。当前，各级法院的审判执行活动仍然主要围绕纸质载体展开，纸质载体与数据存储之间实现顺利转换成为法院信息化的重要环节。解决"最后一公里"需要信息系统能够尊重司法规律，深度嵌入审判活动中，用技术的方式来完成纸质信息向数据信息的转换，从而让司法工作人员顺利越过技术发展所带来的屏障。在早期的信息化过程中，不少法院花费了大量的人力、物力，用人工的方式来完成纸质信息向电子数据的转换。这种做法对于历史积存的纸质信息的转换是必要的。但是，随着信息技术的发展，在审判执行中产生的信息实现智能化、自动化、同步化地转化或生成已经不成问题，山东法院在建设信息化3.0版的过程中即敏锐把握了智能化的这种趋势，并做了很多富有成效的探索努力。

山东法院的智审系统经过长期的探索，较好地解决了审判业务所产生的信息与信息化系统所需要的信息之间的转换难题。智审系统的关键是电子卷宗自动生成机制。该机制可以按照电子档案目录的要求自动分类归档。同时，实现电子卷宗影像文件数据化，将影像文件转化为可读写的数据，供法官查询和复用。该系统还实现了案件基本信息表"数据回填"，支持通过对电子卷宗的利用实现案件基本信息表信息项的自动化产生、校验及向案件流程管理系统的回填。例如，威海市中级人民法院将信息数据的同步生成贯穿到案件的每一个环节，从立案、审理、结案、执行到归档、统计等各个节点均在网上运行、同步记录，纸质、电子卷宗能够同步形成，同时对案件实现了全过程监督、全方位管理。

作为全国较早开发电子卷宗的基层法院，济南市市中区人民法院不仅通过电子卷宗系统来完成业务与技术的融合，更是充分利用电子卷宗系统的及时性、全面性的特点，服务司法公开工作。2004年以来，该院便实现了电子卷宗随案同步生成、卷宗信息向当事人同步开放。2010年后还实现了当事人随时随地通过互联网查询自己正在审理执行中案件的电子卷宗，同步跟踪法官的裁判活动。该法院电子卷宗建设与应用实践，为全国基层法院提供了可资借鉴的范例和样本。2010年，济南市中级人民法院开发的山东省首个"网上法院"，将电子卷宗系统"搬"到了互联网上，让当事人能够远程查询自己正在审理执行案件的电子卷宗，同步跟踪法官的裁判活动。截至2016年底，当事人到法院或远程自助查询卷宗32万人次，有效地推动了司法公开及相关工作。

3. 智能辅助审判执行

在法院信息化建设中，分清建设的主次与本末至关重要。一些法院将信息化建设简单地理解为"无非是采购些新设备，换些新产品，设计些新软件"，这无疑是本末倒置。信息化技术作为一种新工具，应当以服务审判执行、提高法官工作效率为旨归，只有这样才能有效服务人民群众、服务审判执行和服务司法管理。一些法院舍本逐末，追求信息化的大规模建设，而忽略了法官的使用体验与工作需求，出现了为信息化而信息化的现象。特别是一些基层法院的法官，在繁重的审判工作之余还要花费大量的精力来完成信息化的任务。所以，信息化在不少法官的印象中就是烦琐地填表、反复地录入与无穷尽地扫描。山东法院开发的裁判文书辅助生成系统与智慧法务系统有效地避免了这一"信息化陷阱"。

司法文书辅助生成系统支持法院各类制式文书和裁判文书的辅助生成，为法官制作文书提供校对、信息推送、大数据分析、检索、辅助工具、全程留痕、回填案件流程管理系统等帮助。以上各项目标的实现有助于全面、高效地利用人民法院的存量及增量信息资源，将法官从事务性工作中解放出来。该系统具有以下主要功能。（1）辅助生成裁判文书。通过对电子卷宗和结构化数据的分析实现裁判文书的智能生成。（2）智能推送案件审理辅助信息。通过案件画像、智能推送和机器学习技术向办案法官推送最为类似的案例、裁判文书，推送最可能适用的法律条文以及与案件相关的大数据分析。（3）法律文献检索。为法官提供《中国法律知识总库》所包含的法律法规、案例、裁判文书、法学期刊书籍等法学文献。（4）案件关联。将相同当事人的其他在审或审结案件展示给法官，帮助法官尽量避免重复诉讼、虚假诉讼或矛盾诉讼。

　　智慧法务是在司法大数据资源的基础上，充分利用并行式、分布式计算框架，使用高吞吐量、大并发的信息化手段，将琐碎数据进行关联，形成信息链条，以信息块的形式向法官提供更加全面、快捷的智能检索、智能推送等服务。山东智慧法务的功能主要体现在四个方面，一是制定数据关联规则，根据不同关联点形成信息链条，以信息链条形式展示，形成人（包含法官与法官、法官与当事人、法官与律师）、案（一审、二审、再审、执行、信访案件）、物（标的物）的关联；二是将检索结果的相关数据信息进行智能推送，形成相似案件推送、关联案件推送、热点信息推送；三是积累外部数据资源，通过"网络爬虫"获取法院新闻动态，保证新闻的时效性，提高法官浏览咨询的效率；四是在大数据利用的基础上完成智能分析和数据可视化，把大量的数据集成数据图像，同时将数据的各个属性值以多维数据的形式表示，以从不同的维度观察数据，从而对数据进行更深入的分析。

　　最高人民法院于 2016 年 7 月 28 日印发了《关于全面推进人民法院电子卷宗随案同步生成和深度应用的指导意见》（法〔2016〕264 号），要求在 2017 年年底前，全国法院全面实现电子卷宗随案同步生成和深度应用。

山东法院的办案智能辅助系统也将在最高人民法院的指导下进一步优化，使审判流程信息能够自动回填，裁判文书能够自动纠错，法律法规、关联案件、参考案例能够自动推送，待办事项能够及时提醒，更好地方便法官办案，减轻法官负担。

4. 搭建协同共享平台

法院的审判执行业务并非一个封闭的系统，需要各部门相互协作、共同努力才能完成。这种协作不仅包括法院系统内部各部门，如立案、庭审、执行部门之间的协同，也包括法院与公检司等政法部门之间的协同，以及与社会各部门之间的协同。信息化建设应当高度重视审判执行业务的这种广泛连接，为协同工作搭建高效的协作平台。广泛应用于法院的执行查控系统作为典型的内外协同系统，很好地衔接了法院与银行、工商、房管局、车管所、公安等其他机构之间的业务，实现了各部门间的信息共享，极大地提高了法院的执行工作效率与执行成功率。总体而言，法院信息化系统不应该是一个刚性的、封闭的系统，而应该是一个对法院系统的各部门开放、协同，且能够根据外部环境和内外需求的变化进行相应的调整的系统。

山东法院在《人民法院信息化3.0山东版建设方案》中提出，全力打造具有山东特色的"法院360"。其中的主要内容之一是，业务协同由执行协同向社会协同延伸。该项协同工作重点包括以下四项内容。一是执行协同。与最高人民法院执行查控系统对接，向中国人民银行济南分行推送山东省全省失信被执行人名单信息，加强金融单位对被执行人进行信用惩戒。二是政法协同。在法院、检察院、公安、司法等政法部门之间搭建政法协同平台，以实现各政法部门的信息共享和工作协同。2015年，山东省高级人民法院信息中心、审监一庭联合召开全省法院司法协同平台推进工作部署会议，并与省检察院、省司法厅、省监狱管理局等部门召开协调会，研究司法协同平台建设相关问题，形成了初步建设方案。三是应用协同。基于协同工作模式，开发减刑假释管理系统，并在15个法院应用了该系统，与刑罚执行机关实现了犯罪管理信息共享共用，有效解决了司法实践中办案效率较低、文书差错率较高及案多人少等突出问题。四是社会协同。山东省高级人民法院与山东省民政厅、省工商局签订了信息共享协议，推进与民政、税务、工商等部门机关的业务协同和工作联动，实现法院资源与社会资源的有效交互。政法协同系统以政法各部门协同办案需求为核心，为各部门建立安全、稳定、高效的网上办案协同系统。未来，山东法院还将在社区矫正业务协同、公诉业务协同、民事信息查询等方面进一步开发更多的社会协作系统。

（三）注重日常性

技术与业务的融合在于技术能够全方位服务于法院审判执行业务，并成为法院日常工作的一部分。由此，综合性的信息化系统不仅包括审判业务，还包括细致入微的案件管理系统，帮助法院进行管理审判信息录入，待分案状态、待排期状态、法官待签收状态的更新等。作为一项系统工程，信息化建设的最终工作目标是通过充分利用现代信息技术，努力提高办公、办案效率，认真履行法院审判职能，平衡发展"公正与效率"等主要价值目标，切实维护国家法律的尊严和权威。

让信息化系统落地，走入法官的日常工作中，需要从以下四个方面着手：第一，建立全覆盖系统，将系统的功能与司法工作的各个环节紧密结合起来。第二，建立集中化平台系统，化零为整，让各级法院和各部门法官、司法干警使用统一平台。第三，建立常态化管理系统，及时跟踪与收集法官的日常工作，使系统数据随着日常工作的变化而发生动态变化。第四，建立日常决策数据系统，对融入日常工作的信息系统数据进行分析、反馈并辅助决策。

1. 信息系统全覆盖

信息系统全覆盖是系统集成、信息共享和业务协同能力进一步提高的先决条件。在社会分工的条件下，日益扩展和复杂化的社会部门之间关系密切，并相互制约。由此，信息系统就不只是某个单独的社会部门或工作职能的信息化所能完成的。建立在这样的社会关系基础上的信息系统只有实现全覆盖，才能够充分发挥信息的集中与相关性分析。

山东省各级法院在信息化建设中，在系统全覆盖的特性上采取了诸多创新措施。例如，东营市中级人民法院加快基层法院信息化基础设施体系升级改造，实现了软硬件建设六个"全覆盖"：高速宽带专网、高清科技审判法庭、高清视频会议系统、远程视频接访系统、远程视频提讯系统、执行查控平台的全覆盖。济南市中级人民法院从应用系统对接业务的全覆盖方面着手，主导开发了涵盖审判、行政、人事三大管理功能的32个信息化应用系统。法院专网纵向向上连通上级法院,向下连通基层法院、人民法庭,横向连通有关部门,多维辐射社会公众,形成资源共享、全员应用、全程留痕的信息化网络。同时,其开发的新版网上办公办案系统具有行政办公、后勤保障、电子签章等功能,并与审判执行、人事管理等系统融合,做到了司法政务精细化管理。网上办案系统实现了对所有类型案件的全面监控、全程留痕和流程化、可视化管理。

2. 软件系统集约化

信息化系统集成分为硬件系统的集成和软件系统的集成。早期法院的信息化系统集成强调的是硬件集成。例如,科技法庭的硬件建设主要是利用先进的多媒体技术、集中控制技术、双向音视频编码传输技术以及数据网络技术,实现对法庭内部声、光、电等各种设备的集中自动联动控制,进行庭审的发言显示、远程证人/嫌疑人双向互动显示、证据展示、庭审笔录、庭审直播和司法直接监督等。而法院信息化发展到今天,更强调的是信息化软件系统的集成。此前各法院的软件设计存在着杂多、混乱的弊端,不同层级的法院,不同的法院部门争相对不同的司法工作职能设计软件、系统和平台。这种信息化建设方式虽然发挥了各个单位、机构的积极性，在信息化伊始发挥过一定的积极作用，但由于缺乏统一设计，往往造成资源的浪费，并增加了司法工作人员接受信息化的成本。

山东法院在优化软件集成时，始终强调一个平台的理念，让信息化为法官的工作减负。在平台建设上，淄博市中级人民法院近年来探索出了信息化建设的"淄博标准"。淄博市法院系统着重建设了"一网一屏一机一电话"的四大载体，同时，坚持深度共享，重大应用软件集中开发、集中部署、集中存储、分散使用，不论是在市中级人民法院还是在偏远山区法庭，全部共用一个平台办案，共用一套应用软件办公。① 在系统集成上，烟台市中级人民法院的"系统集成"让法官办案由繁到简，建立"一键通"办公平台，将办公、审判、执行、信访等多个系统有机整合、一键登录，实现信息高度集成、资源共享共用。在业务整合上，泰安市中级人民法院打造的"天平调度中心"将分布于不同平台的诸多系

---

① 杜海英、张玉杰：《探秘法院信息化"淄博标准"》，《山东法制报》2015 年 7 月 30 日。

统运用主流编程技术进行二次开发，把全市法院网络化、可视化的信息化项目全部纳入集成，有效整合审执业务、诉讼服务、司法公开、政务管理四大平台30个子系统，可远程、实时、动态跟踪、调度法院各项工作。目前，审判运行态势分析研判、审判执行工作调度原则上均在"天平调度中心"进行，提高了工作效率。

3. 管理系统常态化

信息技术具有随时记录、全程留痕、动态跟踪、开放透明的特点和优势，能够实现对日常的司法行为进行即时性、过程性、系统性的监督管理。通过信息系统实现对日常司法工作所产生的数据进行实时更新，不仅有助于规范司法行为、防止司法权滥用，而且可以帮助领导层及时了解法院的运转状态。案件信息从一线干警到院长、庭长实现点到点及时传递，这样一来，信息系统就可以动态跟踪，及时发现和纠正工作中不严格、不文明、不规范的问题。以案件运转为例，信息系统的动态跟踪就包括了案件的流程管理、案件的质效管理和案件的监督管理。

在案件的流程管理上，临沂市中级人民法院和临沂市兰山区人民法院强化信息化在审判管理中的应用，实现了流程节点、庭审活动、诉讼卷宗和审判数据的动态监控。流程监控动态管理机制利用案件流程节点控制系统,使管理人员可以随时查看案件进展情况,适时进行跟踪监督,实现了对立案、审判、执行等各阶段、各环节的全过程、全天候实时动态监督。在审判质效管理上,日照市中级人民法院开发完善了审判信息管理、短信平台、质效评估、案件质量跟踪等软件,建成科技法庭116处,构建"六位一体"审判管理新模式,实现了"审执数据动态展示、流程节点实时管控、电子卷档随机查询、庭审过程直播点播、两级接访视频互动、绩效考评网上运行"。泰安市中级人民法院独立研发的审判质效管理系统,区分刑事、民事、行政、执行四大业务主线,从审判概况、质效指标、专项分析、动态预测、审限跟踪等不同层面反映审判质效情况,架构起了点、线、面结合的多维度、立体化审判质效评估体系。在审判监督上,潍坊市中级人民法院研发创新的审委会会议系统可以让审委会委员在审理案件的过程中,随时查阅审理报告、电子卷宗、庭审视频,现场展示视听资料等证据,即时修正发言记录,解决了以往"亲历性"不足的弊端。

4. 数据治理实效化

法院各类信息系统积累了海量的审判执行和管理数据，对这些数据进行挖掘分析利用，为实现大数据战略所必不可少。借助大数据技术，信息系统就可以充分地使用其收集来的日常工作数据，为司法决策服务。在司法决策服务方面，山东法院将各类案件数据信息"收起来"，为科学决策、加强管理提供智能化数据服务。第一，山东法院开发的"数据分析平台"集中了2010年以来全省法院600余万件案件信息，初步实现审判动态、审判质效、司法统计、专项分析、综合搜索等信息服务。第二，山东法院所开发的动态数据分析系统，实现了"一分钟一更新"，实时统计全省三级法院民事、刑事、行政、赔偿、执行类案件的收结案数据。第三，所开发的质效管理系统，自动生成和推送省高级人民法院确定的18项质效数据，并对各项指标进行趋势、同比、环比、组成等多维度分析，使用表格、柱状图、饼状图、雷达图等多种形式展示，形象直观。

在大数据库的基础上，山东法院的信息决策系统实现了五大功能。一是信息化及管理系统统一展示。通过综合运维监控、运维管理、安全管理、应用管理、数据管理等各类信息系统，利用大屏幕进行集中统一展示，帮助法院领导全面掌控信息化现状。二是数据可视化展示。通过多维度的业务、监控数据的展示，使用数据明晰信息化系统运行质效。三是数据可视化分析。对业务数据、监测数据进行可视化分析，帮助法院快速有效地发现问题、分析问题、解决问题。四是信息化数据的附加值显著增加。突破传统的信息化管理理念，采用创新性的信息化管理视角，使信息化数据产生新的附加值。五是提供全面的信息化质效报告。在数据分析、趋势预判的基础上，自动生成专业、全面的信息化质效报告，为信息化管理决策提供可靠的抓手，促进业务质效提升。

通过分析研判数据，法院将数据治理延伸到司法工作之外，服务经济社会发展，为党委政府决策提供有力的数据支撑。例如山东省高级人民法院连续十四年发布的《山东法院知识产权司法保护报告》（白皮书）、《山东法院知识产权审判十大案件》为省政府的知识产权保护政策提供了决策支撑。又如，莱芜市中级人民法院通过分析借款、民间借贷等金融案件的数据，对优化莱芜市金融环境提出36条建议；历年发布的《全市法院行政案件司法审查报告》《全市法院司法保护报告》，为市委、市政府决策提供参考。

小结

最高人民法院《人民法院信息化建设五年发展规划（2016—2020）》和《山东法院信息化建设五年发展规划（2016—2020）》确立了信息化建设的目标，即建成人民法院信息化3.0版，形成支持全业务网络办理，全流程审判执行要素依法公开，面向法官、诉讼参与人、社会公众和政务部门按需提供全方位智能服务的智慧法院。全业务、全流程的信息化系统的重要衡量标准在于能否恰当地融合信息技术与审判业务。山东法院在技术与业务的融合方面作出了深入而有成效的探索，着力解决"两张皮"的难题，将应用作为信息化软硬件建设的主旨，以系统智能化来更好地让技术服务于业务，最终通过将信息系统落地、融入日常工作环节来完成技术对于业务的反馈与提高。

山东省"2015年全省中级人民法院院长座谈会"提出，有的法院信息技术与审判工作融合不够，网上办公办案覆盖率不高，没有让法官感受到信息技术在办公办案中的好处。尽管山东法院通过技术与业务的融合获得了信息化建设的良好成效，但是，也应当注意到信息化建设中三个容易忽视的问题：重建设、轻应用，重拥有、轻共享，重覆盖、轻智能。这些问题或多或少都与信息技术无法融合审判执行业务有关。总体而言，如何在司法体制与法律框架之内，通过技术手段充分地整合与使用信息，让信息资源真正流动起来，让人与人、人与物、物与物和谐地沟通是法院信息化必须回答的问题。

四 重心：让服务真正落地

系统、平台、软件的建设本身只是手段而非目的，通过其建设和利用，为法官、当事人、律师、院长、庭长、党政领导等群体提供便利，才是法院信息化的最终归属。法院信息化建设在取得巨大成效的同时，也不能忽视暴露出的问题。比如，有的法院重建设而轻应用，建设上投入大量人力物力财力，但对系统是否好用、法院工作人员是否愿意用则考虑不够、要求不高，导致系统平台成为"花瓶"，被束之高阁。再如，有的法院信息技术平台与法院立案审判执行各项工作暴露出割裂现象，网上办公覆盖率不高，当事人网上立案率、网上调解率和网上提交证据率低下，甚至在信息化实施后，当事人的负担从以往仅现场提交材料变为"网上加现场"的双重负担。法官、当事人没有得到信息化的好处，势必导致其对信息化的望而却步。对此，山东法院在信息化推进的工作中，强调信息化建设的核心在于应用，扎实做事不唱高调，从实用出发、以好用为旨归，有效提升了信息化的实际效能，在便民、实用、好用方面下功夫，做到了让服务真正落地。

（一）便利当事人权利行使

好用的法院信息化一定要给当事人提供最大限度的便利。其内在机理是，依托信息技术，通过网上预约、在线提交、线上告知、在线查询等机制创新，从多次办理变为一次办结，从"让人跑断腿"到"让信息多跑路、让群众少跑腿"，最大限度地减少当事人和律师现场交材料、现场提申请、现场收通知文书的情形。确需现场办理的则最大限度地提高效率，为当事人提供便利，更好地保障其合法权益。在此方面，山东三级法院进行了多种积极探索。

1. 便利知晓案情进展

山东法院诉讼服务大厅信息化系统自运行以来，服务形式趋于多样化，取得了很大成效，尤其是方便了当事人知晓案情进展。过去，当事人因不了解案情，而需要反复联系法官、书记员。而现在，当事人通过在诉讼服务中心的触摸系统验证身份信息，即可查询到自己案件的详细情况，诸如案件在哪个庭审理，由哪位法官审，何时开庭等要素，均一目了然。另外，该系统还打破了时空限制，通过通信服务系统，以短信、微信、微博、二维码、APP 等形式将系统搬到电脑和手机上，实现五个转变：诉讼服务从信息提供向业务参与转变，从个别流程参与向全流程参与转变，从线下服务向线上线下融合服务转变，从工作时间服务向全天候服务转变，从固定场所服务向"指尖"服务转变。全省法院系统平台访问量由最初的 510 人次/天发展到如今的 1990 人次/天，增长了近 3 倍。以淄博市中级人民法院 2015 年 9 月、2016 年 3 月、2016 年 9 月三个节点为例：立案诉讼服务大厅 4 部工作电话（工作）日均接听咨询电话分别为 208 次、166 次、131 次，2016 年 9 月比 2015 年 9 月减少了 37%；信息化终端自助服务（工作）日均用纸量（当事人自助复印身份证、打印卷宗材料等）分别为 12 页、28 页、31 页，2016 年 9 月比 2015 年 9 月增加了 158%；日均自助短信发送量分别为 4.2 条、9.4 条、11.5 条，2016 年 9 月比 2015 年 9 月增加了 173%；每月投诉举报量分别为 3 条、1 条、1 条，2016 年 9 月比 2015 年 9 月减少了 67%（见图 2）。

山东法院诉讼信息自动推送在便利当事人方面发挥

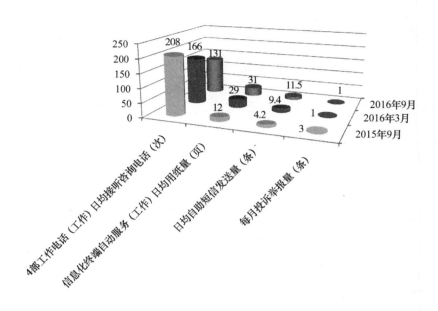

图 2   淄博市中级人民法院诉讼服务大厅业务量对比

了很大作用。该功能是伴随着审判流程公开平台、裁判文书公开平台、执行信息公开平台和庭审公开平台的建立逐步发展起来的。最初的信息公开形式是当事人自己查询。但为深化司法公开，方便当事人更加高效地获取诉讼信息，山东法院于 2014 年开始探索推送信息，实现了诉讼信息由"要"向"送"的转变。截至 2016 年底，全省各级法院已建立了短信、互联网、微信三大推送平台，（工作）日均推送信息超过 1000 条，推送项目占司法公开平台所有项目的 50% 左右，推送覆盖案件数量占到司法公开适格案件的 100%。以山东法院执行案件推送信息为例，2016 年 8 月，全省法院共通过三大推送平台向各类执行案件当事人推送执行公开信息 7282 条，其中短信推送 3210 条，互联网推送 1560 条，微信推送 2512 条（见图 3）。

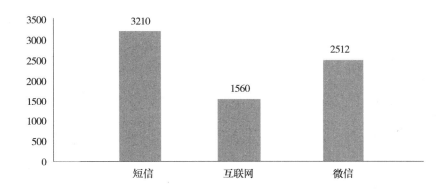

图 3　2016 年 8 月执行案件推送信息（单位：条）

2. 诉讼事务网上办理

诉讼事务网上办理有着诸多优势，不仅可突破传统现场办理的时间、空间局限，给当事人带来巨大便利，免除奔波之苦，也能最大限度地减少审判执行对当事人正常生产、生活的影响。山东省各个法院开展网上诉讼执行的诸多制度机制实践，要求能够在网上办理的尽可能在网上办理，不能在网上办理的也尽可能在网上设置前期的预约、提示等功能，方便当事人。比如，威海市经济技术开发区人民法院建立的网上诉讼服务中心实现了对当事人的网上立案、网上缴纳诉讼费用、网上证据交换、网上调解、网上宣判和电子送达功能。考虑到部分群众由于上班工作等原因，未必方便在法院工作时间办理诉讼业务，威海市经济技术开发区人民法院的网上诉讼服务中心提供7×24小时全天候服务，并设置预约功能以方便使用。与一些法院官方网站的网上诉讼服务中心处于网站边缘、角落处不同，威海市经济开发区人民法院将其网站栏目设置在网站首页中间的醒目位置，便于民众使用。聊城市人民法院则利用信息技术推进诉讼服务中心的线上、线下有机结合，形成包括诉讼服务大厅、律师服务平台、12368热线、电子公告屏、审判信息查询系统在内的便民服务体系，当事人通过电话、短信、网络均可实施预约立案、查询案件信息、与法官交流等行为。为方便普通民众旁听庭审，避免其到法院后出现人满为患或无庭可听的尴尬局面，济南市中级人民法院开发出庭审旁听预约系统，社会公众可通过互联网自助预约，选择感兴趣的案件旁听庭审。

为了让当事人足不出户就可以参与诉讼活动，2015年下半年以来，山东法院大胆探索，采用"互联网＋法庭"的模式，选取部分法律关系明确、争议不大的民商事一审案件，充分利用互联网特别是移动互联网，为庭审参与各方特别是当事人一方提供便捷、安全的网上开庭服务。服务面向参与庭审的所有人，具体使用人员包括法官、书记员、当事人、辩护人、证人以及社会公众等。同时，互联网庭审具备互联网直播功能，并适用于网上调解、网上作证、网上庭前会议等多种应用场景。比如，2015 年 6 月 30 日，山东省沂源县人民法院就利用该系统，连线定居在澳大利亚的当事人，在原告家中顺利地开庭调解了一起赠与合同纠纷。

3. 电子卷宗同步查询

电子卷宗作为纸质卷宗的电子化，发展至今已较为普遍。但许多法院的电子卷宗仅为与纸质卷宗并行的归档方式，其对外服务、知情、监督功能与对内的管理辅助、决策支持等功能远未发掘。山东法院加强电子案卷同步生成工作，以方便当事人随时查询。济南市市中区法院自 2004 年建立电子卷宗系统之初，即确保电子卷宗随案同步生成而非结案后再予扫描。所有电子材料均通过密码向当事人全面同步开放；到 2010 年，随着"网上法院"的开发上线，电子卷宗随之被搬到互联网上。电子卷宗系统与审判管理系统相对接。当事人到法院立案或应诉时，其立案通知书、应诉通知书上会被随机授予一个查询密码，当事人可凭该密码在法院的审判楼大厅、立案大厅、派出法庭一体机上和"司法公开信息港"中随时查阅自己已结案件或正在审理执行案件的电子卷宗，即时了解所有案件相关信息。

4. 便利当事人知情监督

滨州市全市两级法院在建成高清审判法庭的基础上，实现了庭审音视频和笔录的同步展示，增强了当事人的可信度。这些软件系统的应用，使得民众更加认同司法裁判结果，司法公信力得到提升。

青岛市中级人民法院注重"两微一网"的应用效果。"平度3·21纵火案"微博直播获评全国法院网络宣传优秀成果，孙某贩卖毒品等一批案件通过官方微博、微信视频进行直播也取得了良好反响。

淄博市中级人民法院自主开发的"诉讼风险评估系统"，在电脑网页版的基础上，开发出手机APP软件，让当事人和拟提起诉讼的民众，随时随地自主评估，使得当事人能够自我评判风险、自我量化风险、自我修订诉讼预期。该软件受到普通民众的广泛欢迎和应用。一些拟起诉的企业、个人，经过评估后放弃了诉讼，对于人少案多的法院而言，其压力有所缓解；一些当事人经评估后，调整或降低了对诉讼结果的预期，涉诉、涉执行的信访也得到控制。以淄博市沂源县人民法院为例，2016 年上半年，该法院使用软件共评估民商事纠纷 2289 件，评估后进入诉讼程序的仅有 1534 件，755 件纠纷得以诉前疏导、分流、化解。

日照市五莲县人民法院探索开发案件廉政系统，在诉讼、执行案件结案后，自动向当事人发送回访短信，当事人通过回复短信即可对案件办理情况进行评价，评价将自动录入系统。根据回复情况，工作人员再筛选分类，进行电话回访和当面回访。自运行以来，通过该系统已经发现并及时处理违纪苗头数起，由此，当事人对法官的监督不再是空话，而是真正得到落实。

5. 便利律师履行职责

山东省高级人民法院于 2015 年 3 月 2 日正式开通运行律师服务平台。该平台开通之初即具备网上提交、网上申请、网上送达、网上直播、网上辅助、网上查询、网上留言七大类 26 项功能，律师可通过该平台完成申请立案、保全、延期开庭等业务，提交代理词等材料，也可以在线接收法律文书，查阅有关法律文件和裁判文书，观看庭审直播，并实时查询案件进展情况，与法官在线交流。2016年初，山东省高级人民法院对该平台进行优化升级，登录速度明显加快，并增加了法律法规查询、在线修改申请等6项功能。另外，升级后的系统还将网上立案延伸到派出法庭，并增加了网上诉讼费缴纳有效时间的提醒，设置了被告代理律师案件查询通道。该平台的建设及其升级旨在为律师执业提供便利。滨州市中级人民法院在应用律师服务平台方面先行一步，在网上立案、学习培训、深度应用、律师注册、征求建议等方面实现了"五个率先"。今后，山东法院还将在增强律师服务平台的稳定性、方便操作的友好性方面下功夫，进一步提升律师服务平台的吸引力，让律师进一步感受到实实在在的便利。

（二）做好审判智能化帮手

面对案件激增的压力，向科技要生产力，向信息化要质效，让信息化成为法官办案的好助手、好帮手，成为山东三级法院的共识。

从全国范围来看，信息技术在司法活动中虽然已发挥一定作用，但在满足审判执行需求、做好法官助手方面，依然处于起步阶段。究其根源，一方面是由于信息技术本身具有一定门槛，即便是科班出身的青年审判人员，如果较少接受系统的信息技术教育，也很难得心应手地应用各类系统平台，而部分年龄相对较大或对新技术、新知识持排斥态度的审判人员应用信息技术的过程更是磕磕碰碰。这就导致先进的信息化设备不能发挥其应有作用，信息资源大量闲置浪费。另一方面，懂法律、懂网络、懂司法管理的复合型人才付之阙如，现有平台、系统往往由软件公司主导开发，与司法应用存在较大距离。"用的人不管系统研发，研发的人不用系统"的现象仍然较为普遍。有感于此，山东各级、各地法院立足于让信息化做好法官的智能化好助手，开始进行信息化建设的探索创新，提高审判工作效能。

1. 办案辅助系统提升效率

山东法院网上办案系统在辅助办案方面发挥了很大作用。该系统具备智能化分析用户行为的特点，支持用户行为记录与分析，动态生成快捷方式，主动推送信息，方便用户操作。该系统操作较为便捷，实现身份信息自动采集，审判动态一目了然，上诉移送方便，批量办案快捷。同时，该系统的信息提醒十分智能化，做到立案风险自动警示，审判法庭排期冲突自动提醒，结案信息自动检查，案件超限自动冻结，案件流程动态呈现，案件详情全面展示（见图4、图5）。而且，系统风格多样化，支持传统和桌面两种风格，用户可根据自身喜好，自由选择不同的风格。

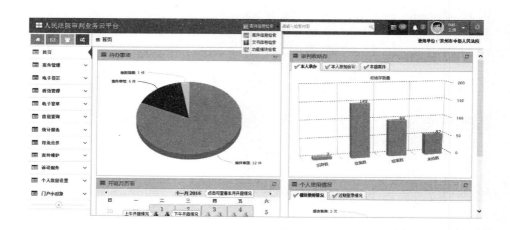

图4　山东法院网上办案系统（一）

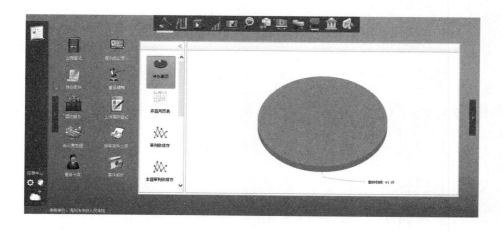

图5　山东法院网上办案系统（二）

临沂市中级人民法院开发出裁判文书自动生成、司法文书纠错、案例智能查询、量刑规范化辅助、文书上网处理等7个智能办案辅助系统，法官办案效率得到显著提升。

淄博市淄川区人民法院开发出电脑辅助量刑系统，提升了刑事审判量刑的公正性。经过长期实践和反复探索，淄博市两级法院将该系统置于信息化平台上并逐步完善，形成实体和程序双重规制的全方位量刑偏差矫正体系，有效克服了同案不同判的问题，刑事审判质效显著提升。

2. 移动办公突破时空局限

青岛市中级人民法院将固定电话与手机捆绑，并借助加密信道将手机APP与审判管理系统对接，实现了网上办公有线与无线的有机衔接。该平台已经实现内网访问、案件查询、排期开庭、审限提醒、网上审批以及办案辅助等多项功能，今后还将开发业绩管理、决策分析、视频支持等实用模块，为法官办案办公提供更多便利。与之类似，东营市经济技术开发区等法院建立起移动审判管理平台，该平台具有审限提醒、数据统计、案件查询、开庭计划等功能，并可完成裁判文书签批、案件报结等事项，可谓法官的好助手。

淄博市中级人民法院则在OA办公系统的基础上，对非涉密的公文收转、批阅、信息浏览、个人审判任务等实行双通道运行，既可通过传统式内网电脑完成，也可通过个人手机客户端完成。

针对信息化系统越建越多、叠床架屋、各自为政的问题，济宁市中级人民法院建立局域网门户平台，将以往分散的审判、执行、办公（OA）等多个系统集成汇总于一个平台，实现一站式登录。发展至今，该平台已实现了案件全覆盖、流程全管控。泰安市中级人民法院也开展了类似改革，通过将审判业务管理、法律法规查询、裁判文书纠错、裁判文书公示等子系统整合为智能辅助办案系统，法官登录一个系统就可完成从案件流程管理到裁判文书上网的全部工作，信息化对法官的友好度显著提升。滨州市中级人民法院在全省率先实现所有看守所均设置远程讯问系统，最高人民法院死刑复核案件、适合远程讯问的刑事案件，均通过该系统实施。

上诉卷宗移送不规范，是困扰许多法院的难题。当事人是否上诉，只有主审法官知道，一审法院立案庭工作人员也心中无数。一旦主审法官拖延或遗忘则后患无穷。为此，烟台市中级人民法院自主研发上诉管理平台，对上诉案件的送卷、退卷等环节进行可视化管理。一审案件信息自动转换生成二审立案信息，二审裁判结果自动反馈至一审法院，实现案件信息的交互共享。该平台的投入使用不仅使得上诉案卷流转的规范度大幅增强，上诉案件的立案速度也显著加快。

3. 着力诉讼审判工作减负

在信息化建设的过程中，信息化不再是让法官、书记员多一道网上录入信息的程序，恰恰相反，通过信息技术的自动化优势可以为司法审判人员有效"减负"，案件审理执行也可以在信息化、网络化的基础上逐步向智能化纵深迈进。潍坊市中级人民法院则注重发挥自动化的作用，比如，在庭审结束后，庭审录像自动挂接到案件基本信息中，电子卷宗也在各个流程即时挂接。该法院的短信告知平台，更是分别在立案审批、审限变更、执行日志等受到当事人特别关注的流程节点向当事人发送短信，全面告知当事人案件进程。

由于多个系统平台并存，以往法官需要多次录入信息、多次上传文书。针对这个问题淄博市中级人民法院加大全市两级法院信息整合力度，建设了多个接口平台，使不同类型、不同标准的审判信息系统、科技法庭系统、审委会系统和电子卷宗系统横向、纵向有机整合，实现了信息的一次录入，全面共享。

东营市经济技术开发区人民法院开发出司法文书网络送达系统，在立案审查和起诉状送达阶段，以确认书的形式明确当事人接收司法文书的电子邮箱和手机号码，将司法文书以 pdf 格式的文件同步发送至当事人的电子邮箱，并以手机短信的方式提醒确认，这样既减轻了当事人的往返奔波之苦，也提高了法律文书的送达成功率，进而缩短了审判执行的期限。

4. 推广信息系统覆盖范围

青岛市中级人民法院在崂山区人民法院"一网通"的基础上，研发推出人民陪审员信息管理系统，实现了陪审员选任、随机抽取、视频监督等 30 多项功能，法院的陪审员工作完全依托网络实施。日照市东港区人民法院试点开发的人民陪审员信息管理系统，除装载陪审员信息库录入陪审员基本信息之外，还细分为医疗卫生、建筑工程、金融经济、心理咨询等 8 个专业库，做到了陪审员的分类随机抽取，兼顾了规范性和专业性。法官只需点击"申请陪审员"按键即可实现庭审开始前的自动短信通知开庭，在庭审结束后还可以进行逐案背对背评价、自动台账化考评。这些在陪审领域的信息技术应用，既实现了无纸化办公，也避免了陪审员"陪而不审"的问题，有利于切实发挥人民陪审员制度的功能。

淄博市中级人民法院还建立起全市的案件当事人信息共享平台。通过整合 2003 年以来全市的案件当事人信息，实现关联案件一键查询，全面获取当事人在全市法院的基本涉诉信息，在一定程度上缓解了"送达难"等问题。

（三）助力破解"执行难"

从全国范围看，与审判活动的信息化相比，法院执行工作的信息化相对滞后。山东省三级法院本着化解"执行难"的目标，以信息化增强司法执行效能和执行规范度。山东省高级人民法院与最高人民法院执行查控系统实现对接，加强金融单位对被执行人进行信用惩戒；通过与中国联通山东分公司相协调，引入600 余万元外部资金，统一建设全省执行单兵系统。由此，山东全省的执行信息化向前迈进一大步。在省高级人民法院的指导下，山东各地中、基层法院依托信息化，使执行能力和执行规范度大幅提升，司法执行的公信力显著增强。

1. 统一调度指挥形成合力

建设执行指挥中心有助于调动各方资源、建立执行联动机制，其不仅要实行中心建设实体化，还要加强信息化建设水平。近年来，山东各级法院注重借助信息化手段，建设执行指挥中心，加强执行工作调度指挥。比如，青岛市中级人民法院加强执行指挥中心建设，对执行案件的指挥调度、司法查控、失信惩戒、司法拍卖等实行统一管理。济宁市中级人民法院作为山东全省第一批开通网络查控系统的法院，其司法执行将指挥中心远程调度和现场指挥相结合。在一起执行案件中，齐河县一处冷库查封的780多吨花生面临腐烂，济宁市中级人民法院在党委、政府的支持配合下，调度附近3个县法院及公安部门的200多名干警，妥善处置突发问题，一天一夜将花生全部运出，执行力度和效果大幅提升。山东省淄博市两级法院建立起统一的当事人信息查询系统，在法院执行活动中可搜索当事人的其他相关案件执行信息，便于发现执行主体之间的关联关系，增强执行线索分析能力。

2. 查控处置能力显著提升

"执行难"的一大难题是人难找、财产难查,"两个法官一台车"的传统查控模式已经无法适应执行工作需要,目前必须借助信息化,提升执行查控能力。山东法院在解决"执行难"过程中积极探索,依托互联网,提升执行查控能力。

全省法院试点应用的全国法院执行案件流程信息管理系统平台覆盖所有类型执行案件,实现了案件关联,可以直接在线验证被执行人身份信息,案件移送到执行局后,无须再登录查控系统实施查控,可以直接启动对被执行人的财产查控,根据财产查控的结果对被执行人的财产进行相应的处置,对拒不履行的被执行人也可以进行信用惩戒和信用公开,直至进行司法制裁,极大地提高了法院的执行效率。自2016年8月15日上线运行以来,全省法院执行案件信息管理系统每天使用人数维持在1000人以上,系统运行4个月以来,全省法院实际执结案件数较去年同期增长26.02%,发布失信人名单57642人次。

自系统运行以来,山东各级法院的执行查控能力均有所提升。比如,东营市中级人民法院执行局以便民、利民、惠民为出发点，以"互联网＋执行"为理念，依托全国法院执行案件查控系统，成立"点对点"查控中心，实现与21家全国性商业银行的在线查询、冻结及扣划功能。由此，执行法官足不出户，动动键盘鼠标，即可"秒控"被执行人在各个银行的存款。2016年，东营市中级人民法院通过全国执行网络执行查控系统发出网络划拨指令后，仅仅用时几分钟，被执行人成某在中国工商银行贵阳分行的存款就被发现、控制，并被划拨到了东营市中级人民法院的执行款专户上。通过此种远程的查询、冻结、划拨的应用，极大地提高了执行效率，降低了执行成本。

3. 失信惩戒威慑大幅增强

解决"执行难"还需要发挥好信息化的能量，实行有效的失信惩戒，让"老赖"一处失信、处处受限。山东省各级法院近年来注重发挥信息化优势，依托各类信息平台，增强执行曝光、失信惩戒的威慑力。山东省东营市利津县人民法院除采取传统执行威慑措施外，还实施"地毯式曝光"。其做法是，在各种电视广告、超市电子屏幕等平台曝光"老赖"名单，并与电视台"法治凤凰城"栏目合作拍摄法制宣传片，让"老赖"成为人人喊打的过街老鼠，形成"一处失信，处处受限"的信用惩戒格局。2016 年 1 月，北京市某建筑企业主动赶到东营市中级人民法院，自动履行了 600 余万元的债务款项。其原因是，该企业要参加政府项目招投标，但因其被东营市中级人民法院纳入了失信被执行人名单库，无法参与招投标，而不得不主动履行全部判决义务。这也表明，借助信息化手段形成的失信惩戒网络威力越来越大。济宁市中级人民法院推行失信被执行人网络曝光制度，与市文明办建立了在媒体公开发布失信被执行人名单联动机制，2016 年曝光失信企业 66 家，自然人 185 人，① 公开的曝光效果与震慑效果显著提升。

4. 执行沟通渠道更加畅通

执行案件中，申请执行人对执行工作缺乏认同的重要原因是执行工作不够透明，当事人对法院采取的措施不知情，有疑问联系不上法官等。对此，东营市利津县人民法院与移动公司合作建立"执行信息公开平台"，从案件立案到分案执行法官的姓名、办公电话，再到执行进度、结案的全过程都第一时间以短信形式发送给申

---

① 《查控信息化　程序规范化》，《人民法院报》2016 年 12 月 13 日。

请执行人，申请执行人可通过电话或短信进行咨询。每个办公室会有专职内勤人员第一时间保障当事人与执行法官取得联系，法院执行工作的互动性显著增强，当事人对法院的信任度也大大提高。

（四）追求司法管理精细化

山东省三级法院以信息化为基础完善审判执行案件管理，综合运用大数据、云计算、物联网等新技术，坚持让数据"说话"，做到了审判管理与信息化应用的深度融合，深度挖掘司法数据资源，在一定程度上既避免了领导干部个人因素的干扰，也克服了干得好不如汇报说得好、材料写得好的怪现象，司法绩效管理的科学性、准确性和及时性得到显著提升。

1. 提升管理科学性

精细化的管理是适应现代法院建设、提升审判执行质效的根本，信息化在其中厥功甚伟。山东一些法院已经开始尝试依托信息化提升法院管理的科学性。比如，滨州市中级人民法院就在产出数据的基础上，为法官算好"劳动账"，依照案件难易程度、办案效果、程序复杂程度将不同案件换算成不同分值，案件办结后自动生成得分，使法官的工作可量化、可评估。青岛市中级人民法院以崂山区人民法院的"一网通"为基础，构建了与现有系统对接的人民陪审员信息管理系统，内容涵盖陪审员选任、随机抽取、工作考核、视频监督等30多项功能，实现陪审员管理的全程信息化。

2. 实现管理自动化

依托信息化，山东法院审判执行管理的自动化水平有所提升，在人员基本稳定的背景下，案件管理的覆盖率、反应的及时性、数据的准确性都有大幅提高。

山东省高级人民法院统一开发的司法统计系统实现了案件信息可追溯。山东法院的所有司法统计报表均可下载，点击数字就可以查看案件列表信息。新版的司法统计量表不仅提供数字信息，还提供案件信息。其服务功能覆盖面广泛。以山东法院司法统计系统为例，系统具备十类140张报表服务功能（见表4），实现对管辖案件、刑事案件、民事案件、行政案件、司法赔偿案件、执行案件等领域的全覆盖。司法统计数据实现了自动上报。根据最高人民法院的要求，在每月2日之前将140张司法统计报表自动打包上报最高人民法院；与此同时，原来每个法院至少配备一名人员专门负责司法统计工作，现在，山东省高级人民法院数据中心可以通过程序自动生成全省 174 家法院的司法统计。司法统计软件自 2016 年 8 月运行以来，已经完成了和最高人民法院的数据比对，目前正在和单机版的司法统计数据进行比对。比对结束后，就可以实现司法统计的并轨，全省法院均可以使用司法统计软件进行司法统计。由此，降低了人工干预数据失真的风险，并极大地提高了工作效率，节约了人力成本。

表4　　　　　　　　　　　　山东法院司法统计系统功能

类别	项目	主要功能
管辖案件	管辖案件统计	实现管辖案件的统计
刑事案件	包括刑事一审、刑事二审、刑事再审审查等报表	实现刑事一审、刑事二审、死刑复核、减刑假释、强制医疗等报表的统计
民事案件	包括民事一审、民事二审、民事再审等报表	实现民事一审、民事二审、特别案件、海事海商、破产案件的统计
行政案件	包括行政一审、行政二审、行政再审等报表	实现行政一审、行政二审、行政再审的统计
国家赔偿与司法救助	包括行政赔偿一审、行政赔偿二审等报表	实现行政赔偿、司法赔偿、司法救助的统计
区际司法协助	包括与港澳台地区的法院裁判、仲裁裁决等报表	实现与港澳台地区的法院裁判、仲裁裁决的统计
国际司法协助	包括与外国法院的法院裁判、仲裁裁决等报表	实现与外国法院的法院裁判、仲裁裁决的统计
司法制裁		实现司法制裁案件的统计
非诉保全审查案件		实现非诉保全等案件的统计
执行案件	包括首次执行、执行异议等报表	实现首次执行、执行异议的统计

　　山东法院网上办案系统还实现了考核指标可视化。在该系统内，工作绩效、考核指标图表化，方便院长、庭长及时、直观地了解考核指标的情况（见图6）。

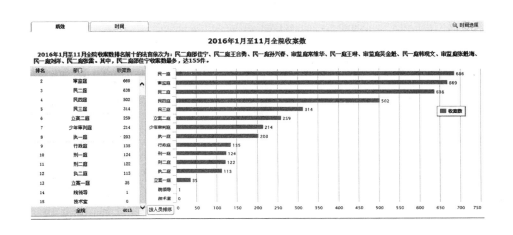

图6　山东法院网上办案系统界面

　　此外，全省不少法院也在数字媒体方面做了积极的尝试。德州市中级人民法院定制开发了数字媒体统一管理平台，实现了对市中级人民法院和下辖各基层人民法院所有科技法庭的庭审音视频资源的集中存储和统一管理，可以随时直播、点播。在此基础上，信息技术继续大显神威，通过人脸识别等技术，对庭审行为进行自动甄别，发现不按时开庭、合议庭未达法定人数、着装不规范、审判人员中途离庭等现象，自动发出警示，对审判活动的监督实现全面化、即时化，极大消除了司法人员的侥幸心理，庭审形象焕然一新。青岛市中级人民法院的审判管理数据中心，做到了实时采集审判执行的各项业务数据，实时生成审判态势、案件质效、法官业绩等指标因子，并通过审判管理网反映出来。由此，中级人民法院各个业务庭和各个法官的办案情况都有数据，且每一项数据都附带案件明细，院长、庭长对案件质效能够一目了然，办案法官对自己的办案情况做到了心中有数，审判管理做到了扁平化和制度化。潍坊市中级人民法院审判管理系统实现了流程节点控制、审限管理和扎口结案管理，做到了"上不结束下不能进"。

济宁市中级人民法院开发的审限跟踪系统，既具有其他地方法院同类系统较为常见的审限预警提醒功能，自动提醒主审法官期限即将届满，还在其基础上实现了超审限通报、问责通报的功能。其机制是，案件一旦超过审限，系统则按时间排序自动生成文号，限案件承办人于通报之日起15个工作日内结案；在责令期限内仍未审结的，则对该案件承办人和庭长自动生成问责通报。这使得传统案件管理中的人情因素干扰被压缩为零，使得案件管理的覆盖度、瞄准率大幅提升，极大增强了案件管理的能力。

3. 注重数据准确性

数据信息的准确性，是法院信息化的生命。数据的准确性不仅影响到司法审判的运行管理，而且关乎相关司法决策的制定及其科学性，决定着案件管理的有效性。从全国范围看，信息录入的积极性不高，节点数据不完整、不准确的问题普遍存在。比如，在一些法院的"今日开庭"信息公告栏中，近一半的案件承办人信息缺失。司法数据信息的不完整、不准确，不仅严重制约信息化的功能发挥，不利于做好法院管理、准确把握社会形势，而且使得系统提供的临期预警、到期提醒、数据统计分析等功能，在基础信息数据不可靠的背景下形同虚设，成为沙中筑塔。

在信息化日新月异的今天，提升司法数据信息的准确性、全面性和完整性是司法大数据精细化、智能化应用的基础，是一项长期而重要的工作，需要通过系统平台的完善、制度机制的建设等来加以保障。对此，山东许多法院积极展开探索，提升司法信息数据的及时性、完整性和准确性。

有的法院以制度为准绳，靠制度规范抓落实。比如，淄博市中级人民法院制定《全市法院案件信息录入标准》，明确了必填项目和选填项目、录入时间，对监督检查结果自动通报。由此，全市法院信息录入完整率由60%提升到99%以上。针对电子卷宗扫描不及时、不完整的问题，淄博市中级人民法院出台《电子卷宗管理规定》，明确扫描职责和时限，达不到要求不作结案处理，不能进行纸质卷宗归档。由此，卷宗电子化的覆盖面和效率，都上了一个大台阶。

有的法院创新机制，确保信息录入准确及时。如菏泽市中级人民法院为提升数据节点的准确性，实施"同步录入"机制。其做法是，该院审理的所有案件，均按照审判流程的进度，在特定信息生成的同时录入系统，诉讼程序进行到哪个环节，电子卷宗就随时录入到哪个环节，做到了案件电子信息与纸质卷宗、信息的同步。由此，其案件信息录入完整率一直位居山东省各级人民法院前列。

4. 促进管理效能提升

信息化还有助于提升法院管理效能。比如，泰安市中级人民法院打造的"天平调度中心"通过编程技术的二次开发，将全市法院网络化、可视化的信息化项目全部纳入，整合审执业务、诉讼服务、司法公开、政务管理四大平台30个子系统，做到了远程、实时、动态监督调度审判执行等全市法院的各项工作。由此，泰安市中级人民法院的审判运行态势分析研判、审判执行工作调度等活动均在该中心举行。

东营市河口区人民法院利用"审判业务管理系统软件"将所有审判、执行案件从立案到归档全部实行网络化管理，并利用该软件对各类案件进行监控、跟踪与统计分析，设置立案、分案、排期开庭、结案以及归档五个节点对案件实施动态监测，全面、准确地掌握审判活动情况。值得一提的是，在立案过程中通过信息技术的随机自动分案，避免了当事人"选法官"，有效克服了办"关系案"等不规范现象。

另外，信息技术还提升了法院管理质效。以往泰安市中级人民法院制作一期《审判管理月刊》需要三四个人在各个庭室的支持配合下忙上一周，还难免出现数据差错。现在通过审判质效管理系统，主要数据、图表可自动生成，准确性、工作效率均随之大幅提升。与之相似，莱芜市中级人民法院以信息系统产出的数据为主体，每月编制《审判管理月报》，按部门、个人通报，分析数据异常变化、查找原因并研判对策；每个部门、每名法官承办案件的业务指标由系统自动统计、动态生成。

潍坊市中级人民法院的安防处突工作实现了智能化。利用信息化手段，通过全景拼接功能进行无死角监控，随时对场景内物体和细节进行追踪；通过网格化目标追踪功能，对活动的目标予以接力跟踪。在诉讼服务中心、当事人通道等特殊区域设置人脸卡口，对通过人员进行抓拍记录，管理效能显著提高。

5. 服务于党政决策

司法统计信息是经济社会状况的晴雨表。山东全省的司法资源数据库已经初见成效，并将各类案件数据信息予以归拢汇总和再加工，为科学决策、加强管理提供智能化数据服务。全省不少法院已经通过挖掘和分析司法大数据，为党政决策提供参谋服务。以莱芜市中级人民法院为例，其利用司法审判形成的大数据，形成调研报告服务党政决策，帮助提升当地治理水平。其做法有：针对借款、民间借贷案件迅速增长的态势，开展涉金融案件调研，提出了36条优化莱芜市金融环境的建议；为促进依法行政，全面分析近年来审理的行政案件，发布

《行政审判白皮书》；围绕莱芜创新驱动发展，开展知识产权审判调研，向市委提交调研报告及服务意见。滨州市中级人民法院通过大数据统计分析，发现社会管理漏洞，积极向有关部门提出司法建议。"关于十年刑事案件分析""关于加强民间借贷市场监管""关于规范房地产市场管理"等司法建议均得到了市委、市政府主要领导的充分肯定。这些以信息化为基础形成的大数据调研报告和意见，数据翔实、言之有据，为党委政府相关领域决策的科学化作出了扎实贡献。

小结

在促使信息化服务管理的落地方面，山东法院的工作经验可总结如下：一是立足"司法为民"，为当事人、律师和一般民众提供了最大限度的便利；二是立足以用为本，做法官的好助手、小帮手和强智囊，帮忙而不添乱，助力而不增负；三是从根本上改变了传统模式下"看不见、摸不着、说不清、管不住"的状况，有效消除了司法管理盲区，使得监管之网越织越密、越织越牢。

当今时代，信息技术日新月异，信息技术服务经济社会运行没有止境。法院的信息化建设如逆水行舟，不进则退，应有迫切感和紧迫性。今后，山东法院信息化在服务落地方面将进一步加强，向着"机构全建立、部门全联动、网络全覆盖、过程全公开、执行全天候"的目标不断迈进。

五 方向：打造智慧型法院

《2006—2020 年国家信息化发展战略》明确指出，信息化是当今世界发展的大趋势，是推动经济社会变革的重要力量，大力推进信息化，是服务中国现代化建设全局的战略举措，是贯彻落实科学发展观、全面建成小康社会、构建社会主义和谐社会和建设创新型国家的迫切需要和必然选择。2015 年，最高人民法院提出建设信息化 3.0 版的目标，要求促进审判体系和审判能力现代化，形成支持全业务互联网诉讼、全流程审判执行要素依法公开、面向用户按需提供全方位集成式司法审判信息资源服务和辅助决策支持的"智慧法院"。

总体上看，山东法院信息化建设走在全国法院前列，硬件设施以及数字化、集约化、透明化、可视化、智能化水平均不落后于其他先进省份，并已初步实现"网络全覆盖、数据全集中、业务全贯通"。今后，为了更好地达到建设法院信息化 3.0 版的要求，山东法院还应继续努力。而山东法院在信息化进程中积累的经验也值得其他地区法院借鉴，解决困难的探索也值得其他地区法院参考。

（一）智慧型法院的标准

总体上，衡量一个地方法院信息化的成效和智慧型法院的功能，应当以"应用""服务"为中心，看其关键标杆能否有效、有力服务人民群众，服务审判执行，服务司法管理。

法院信息化的目标是"建设'智慧法院'，提高案件受理、审判、执行、监督等各环节信息化水平，推动执法司法信息公开，促进司法公平正义"。"智慧法院"有六个显著特征，即全面覆盖、移动互联、跨界融合、深度应用、透明便民、安全可控。整体上，山东法院的信息化建设在全国具有一定的示范意义。在硬件设施方面，山东法院与其他先进省份的法院相比并不落后；在技术方面，山东法院业已具备一定规模，硬件设施和软件功能均已相当可观。山东各级法院加大投入，现已完成全省法院广域网两次升级改造，省高级人民法院至中级人民法院、中级人民法院至基层法院网络带宽扩展至1000M，基层法院至人民法庭网络带宽扩展至100M以上，为全省法院的审判、执行、管理等各项工作的信息化应用提供了稳定、畅通、高效的网络传输快车道。与此同时，与政法部门、银行等实现了联网，为数据交换、视频传输和业务协同打下良好基础。山东法院的信息化建设在已有硬件设施和软件系统的基础上，顶层设计与因地制宜相结合，以服务司法相关群体为宗旨，遍地开花、亮点频现。其以"应用""服务"为核心的理念，可分解为以下五点内容。

1. 注重功能实用性

好的信息系统未必光鲜亮丽，但一定要能够给使用者带来便利，具有强烈的吸引力和牢固的用户黏性。比如，泰安等地法院既坚持中级人民法院、基层法院和人民法庭三级联动，通盘考虑有序推进，又注重系统的实用性。为突出系统的实用、有用导向，泰安市中级人民法院的信息化建设避免个别领导脑袋发热、拍胸脯的做法，广泛征求了法官、当事人等各方面的意见建议，将上级部署要求与本地多元需求有机结合，实现了好看与好用的统一。信息化的实用性的重要表现是"问题导向"，并非为信息化而信息化，而是注重问题的解决。比如，针对以往审委会"判而不审""亲历性不足"的弊病，威海市中级人民法院创新审委会会议系统，审委会委员可随时调阅、查看审理报告、电子卷宗、庭审视频，现场展示视听资料等证据。

2. 具备用户友好性

信息系统是给法院干警用的，干警只有感受到易用、好用才会使用，因此，系统的友好性非常重要。系统的友好性至少应有以下几个特点：一是系统平台本身应当给用户带来便利，成为用户的好助手、好帮手，减少工作量，而非额外增加负担。二是系统应当易用。常用功能的设置应当前置、较为醒目、方便发现，所需信息一击即中而非点击数次仍一头雾水，找不到需要内容，不知道如何操作；界面友好，操作简单，可视化程度较高，上手较快，而非需要较长的适应时间和学习成本，给用户的提醒应当必要且适度。三是系统应当体现司法自身的规律和专业性以及对不同群体的针对性。一个典型案例是，复杂的飞机仪表盘可能会使普通民众无所适从，但对飞行员而言则体验最佳。法院信息化系统建设亦如是。有必要凸显司法的专业性和不同群体的针对性，充分考虑法官、普通当事人、律师、院庭领导、一般民众、新闻媒体等不同群体的素养背景、自身工作需要，设置不同界面、端口。四是系统界面应当美观大方，"丑陋"的系统，"别扭"的系统，花里胡哨、雾里看花的系统，都算不上友好的系统。

3. 兼顾需求差异性

关于信息化建设，最高人民法院主要领导有着"坚定不移、由易到难、不要求全"的思路。考虑到国内各地区之间，甚至一省、一市内部，都存在着发展不平衡的现象，故法院信息化建设不宜过度强调整齐划一。以山东为例，各法院信息化起步早晚不一，硬件保障水平不同。要在看到一些先进法院创新探索的同时，了解到不少地区法院的信息化尚处于起步阶段。比如，山东一些法院成立较晚，甚至有个别法院、派出法庭尚没有自己专门的审判办公场所，更遑论信息化的推进了。比如，济南市铁路运输法院在信息化方面起步晚、欠账多，就不能要求其一步到位地赶超起步早的法院。同样，也有法院虽然信息化起步早，但后期设备更新换代慢，同样制约了信息化的发展。比如，潍坊市中级人民法院的数字审委会、视频会议室已投入使用逾10年，信息机房的一些设备超期服役多年，在市场上无法找到相应的维修配件，这就导致既存在设备落后老化问题，也存在严重的安全隐患。可以说，地区之间、法院之间的信息化发展不均衡，将是今后法院信息化推进应当考虑的重要因素。对此，山东既注重法院信息化的全面推进，也充分考虑到地方差异，既要求不折不扣地完成"规定动作"，也鼓励"自选动作"的创新探索，在动态发展中形成你追我赶的良性互动格局。例如，考虑到偏远地区的需要，淄博市中级人民法院设置了移动科技法庭，将全部设备压缩到一个推拉箱内，1个人10分钟即可组建简易科技法庭，做到了移动式巡回审判，其做法对许多西部和偏远地区的法院而言，不无推广的价值。

4. 强化运行稳定性

在全面推行庭审同步录音录像的背景下，包括发达地区在内的不少法院都发生过因系统崩溃而导致庭审录像丢失且无法恢复的事故；律师在律师服务平台办事、当事人在进行网上诉讼过程中，个别法院的网上系统、平台欠稳定，服务器死机瘫痪问题频发，或强制当事人下线，或间歇性无法打开，技术带来的烦恼令法官、律师和当事人"吐槽"不已。对此必须明确，好的系统一定是稳定可靠的。作为财政保障能力并不突出的临沂市沂南县人民法院，高度重视信息化的安全保障。坚持信息设置与安全保障同步规划、同步运行。对办公房间等区域实行"双布线"，内部网线与互联网线分离使用，以确保网络应用安全。为防止数据意外丢失，该院 2010 年就实现了"双机热备"。当一台机器出现故障时另一台机器则自动接替工作，通过"双保险"设置确保系统稳定运行。

5. 确保系统安全性

目前，仍有个别法院的信息与网络安全、保密防护处于初级阶段，个别法院甚至出现过内网电脑感染病毒且"带病"运行的情况，其潜在威胁涉及整个局域网的所有电脑。在一些地方法院，互联网与法院局域网之间没有装备网络入侵侦测系统，网络加密设备的效能不高，使用者滥用网络资源、恶意上网等行为得不到监测、提示和阻遏；个别地方法院的电子卷宗、庭审录像等大量司法数据未能及时备份甚至根本未备份。确保网络安全虽然不是法院信息化建设最核心的问题，但其重要性不容小觑，否则它必会成为"木桶上的短板"。通过硬件、软件层层设置防火墙，建构完善安全的防护机制，确保系统能够抵挡各种内外风险非常必要。

（二）以公众需求为导向

法院信息化建设 2.0 版取得了重大成就，实现了网上立案、网上办案、网上办公以及数据的实时统计、实时更新和互联互通，极大地推动了人民法院工作现代化。

与经济社会发展形势和人民群众日益增长的多元司法需求相比，人民法院信息化水平还有待进一步提高。因此，最高人民法院提出推进人民法院信息化 3.0 版建设，并且制定了"全面覆盖、移动互联、跨界融合、深度应用、透明便民、安全可控"的目标。

山东法院按照最高人民法院的要求，积极试点司法公开平台建设，在服务群众、便利当事人诉讼方面做了大量工作：统一规划和建设了全省三级法院政务网站群和审判流程公开、裁判文书公开、执行信息公开三大平台；统一使用了云中心作为基础支撑环境；统一开发了山东法院便民服务数字化平台；统一建设了远程视频接访平台；统一建立了 12368 诉讼服务热线和律师服务平台、当事人服务平台，等等。截至 2016 年底，全省法院已向中国裁判文书网上传裁判文书 251.9 万余份，居全国第二位，占全国法院上传总数的 10% 左右，向社会公众公开失信被执行人等五类失信人名单信息 73 万余条。

按照人民法院信息化 3.0 版中"透明便民"的要求，山东法院还可以从以下几方面完善改进。

1. 把握群众信息化需求

习近平总书记指出："网民来自老百姓，老百姓上了网，民意也就上了网。群众在哪儿，我们的领导干部就要到哪儿去。"因此，在推进人民法院信息化 3.0 版建设过程中必须全面、切实地了解人民群众的需求。如果把诉讼比作烹饪，如同厨师只有知道食客的喜好才能做出让他们满意的菜品，法院在信息化推进过程中也需要全面了解当事人的需求。否则，仅从法院自身的视角理解人民群众的诉讼需求，倾向于在法院容易出亮点、出工作业绩的地方开展法院信息化工作，容易会错意、表错情。

因此，要体现"互联网＋诉讼服务"，实现"让信息多跑路、百姓少跑腿"的法院信息化目标，必须学会运用"用户思维"开展法院信息化工作。即在价值链各个环节中都要"以用户为中心"去考虑问题。司法行为的"用户"是人民群众，没有群众认同，司法就没有权威、没有公信力。因为法院信息化绝不只是法院内部的信息化，而是要面向社会，以司法便民、利民、惠民为目标，搭建与民沟通、联系群众、服务群众的桥梁，满足人民群众的知情权、表达权、监督权，充分了解和满足群众的多元诉讼需求的信息化。要尽可能多地利用电子邮箱、微信、微博等媒介，加强与诉讼当事人的沟通和互动，经常"上网看看"，在必要时专门制作、发放关于当事人信息化需求的调查问卷，倾听民声，了解民意，改进工作，了解信息化工作的着力点，使得法院信息化工作与诉讼当事人的需求相契合，避免自说自话。

2. 提高信息系统友好性

近年来，山东法院随着信息化水平的不断提升，已经逐步实现了法院门户网站的优化和诉讼服务网的升级，并建立了 12368 诉讼服务热线和山东法院律师服务平台等。现已开始尝试及时更新诉讼动态，以使当事人随时了解开庭时间、诉讼进展等信息，并努力满足当事人在网上办理立案、查询、送达、阅卷、缴费、接收裁判文书等业务的需求。

信息技术在社会生活中的广泛应用，已经深刻影响人民群众的思维方式和行为习惯，人民群众的司法需求呈现出新的特点，实现司法服务的零距离沟通、及时性互动、无障碍共享，已经成为新时期人民群众的新要求。

但也要看到，不少信息系统的使用还不够理想。如在网上立案方面，以试点法院——临沂市兰山区人民法院为例，2016 年 9 月民商事立案数为 1247 件，其中网上立案数为 298 件，网上立案率达到 23.9%。虽然仍不尽如人意，但在全省法院中已经是比较高的，全省大部分法院仍达不到这一比例。究其原因，除了不少当事人网络操作技能达不到要求外，现实操作流程与法律规定也还有不完善之处。现有的网上立案，当事人需要到法院进行确认，仅仅是完成了形式意义上的信息录入，这导致当事人对此积极性不高。

为了满足人民群众的这些新需求，提高诉讼服务的便捷性，在建设法院信息化 3.0 版时，可以着重从以下几个方面加以完善。一是在信息技术创新和升级过程中，要特别强调"用户体验"，开发的应有界面和操作系统必须务实简便，方便群众操作。二是为当事人提供更有针对性、个性化的服务。在为当事人提供个案流程查询的基础上，针对联系法官难、递交证据材料难、反映案件情况难等当事人普遍关注的情况，可以通过建立和完善诉讼服务网站、移动服务 APP，适当突出线上与线下互动，通过现代化的网络手段，使法院和当事人的沟通更加顺畅，既便于法官及时准确了解案情，也让当事人理解法官的审判思路，提高对法官的信任度。三是提升当事人参与诉讼的便捷程度。在推进"网上法院""掌上法院"建设，逐步尝试和完善网上立案、网上缴费、网上送达、网上材料转递等功能的基础上，试点网络提交证据、网上调解、网上开庭、网上宣判等，努力为当事人提供更方便、全方位、个性化的诉讼服务。

3. 助力司法权透明运行

人民群众期望的公平正义，不仅应当实在、及时，还应当看得见、感受得到。这就要求司法工作最大限度地向社会公开。司法公开是倒逼司法公正、减少司法暗箱操作和司法腐败的良方，而信息化为司法公开提供了最便捷的工具、最合适的途径和最坚实的基础。

山东法院已经建成三大公开平台，公开方式已经由传统的当事人"上门问案""电话问案"模式转变为法院"5＋2""白＋黑"的全天候、全区域服务模式。但仍存在一些瓶颈和不足。一是当事人信息化水平参差不齐，导致公开效果受限。以山东为例，2015年全省城镇人口占57％，农村人口占43％，互联网普及率仅为48.5％；而且由于地域广泛，各地经济发展程度、人口素质相差较大，大量涉及赡养、宅基地等的纠纷发生在基层农村，当事人没有上网习惯，通信工具简陋，司法公开针对一些区域、群体的效果不佳。二是司法公开的内容还有待拓展。考虑到一般公众和当事人的需求是多样化的，如审判流程中的开庭时间、地点可以在立案后第一时间明确通知当事人，但当事人收到开庭通知书的时间、通知方式，以及对方当事人收到的时间和方式等信息尚无从查询或很难知晓。三是司法公开的形式有待进一步丰富。目前山东法院推送信息的比例大概占到公开信息的 50% 左右，推送比例还有较大的提升空间。如同类案件的判决情况、案件可能存在的诉讼风险等都不能推送，只能由当事人主动查询获知。四是法院开设的公开平台建设水平还需继续提升。以全省法院门户网站为例，其是人民群众了解法院情况、获取相关司法信息的重要平台，但网站内信息链接错误、信息内容有误的情况仍较为普遍。项目组于 2016 年 10 月 18—28 日对全省所有法院的门户网站进行了技术监测，结果总体较好。这一结果与项目组对全国法院门户网站的监测结果相比要好很多，但存在的问题依然不容忽视。

因此，今后还需要着力做好以下工作。一是继续加强信息公开平台建设，提高平台运行稳定性、友好性。二是推出个性化的司法公开方式。司法公开的重要目的是让百姓了解司法，让司法接受更多百姓的监督。不同地区的法院可以针对自己辖区的经济发展水平和民众对信息化的接受程度，通过微博、微信、手机短信等不同形式全方位推广司法信息的公开化。三是加强法院各类信息的制作，为社会公开提供更好的素材。加强建设审判流程公开平台。完善电子卷宗同步生成系统，将济南市市中区人民法院的做法推广到全省、全国，切实提升工作效率，减轻当事人诉累。要加强科技法庭建设，加快视频网络和科技法庭高清化改造，提高庭审直播质量和数量，在实现"每庭必录"的基础上进一步方便当事人依法查阅。要积极创新庭审公开方式，以视频、音频、图文等形式及时在微博等平台上公开庭审过程。

4. 提升信息化的知晓度

法院的信息化建设要起到实效，获得好评，必须得到当事人的认可。虽说"酒香不怕巷子深"，但是在信息时代，大量信息纷至沓来，如果没有宣传和推广，法院的信息化工作做得再好，水平再高，也不为诉讼当事人和社会大众所知、所用，终将是"剃头挑子一头热"，法院投入巨大精力建设的信息化就会"打水漂"，起不到预期的社会效果和法律效果。

因此，法院的信息化工作要摒弃"闭门造车""闷声大发财"的思维，做好宣传推广工作。一是向诉讼当事人推广。诉讼当事人、参与人是诉讼的直接参加者和受益者，他们对法院的信息最为敏感，也最容易接受法院信息化建设的成果。二是大力建设法院的"两微一端"。目前，法院的"两微一端"建设蓬勃发展，数量呈爆发式增长，但是内容重复单调、官腔官味浓重、文章不接地气、阅读转发量少、影响力小的问题仍然不同程度地存在。对此，各级法院需多向网络"大V"、兄弟单位学习，努力克服"宣传腔"，多贴近百姓的兴趣和热点，少说教，以多种形式提供群众喜闻乐见的内容。

（三）以业务应用为本位

审判执行是人民法院的中心工作，也是人民群众关注的重中之重。信息化技术使审判执行方式发生了极大变革，大大提高了审判执行能力与效率。审判流程管理系统实现了审判执行活动主要流程节点信息和卷宗的数字化管理；审判支持系统为法官提供法规查询、案例指导、量刑参考、一键排版、智能纠错等服务；电子签章、远程庭审等系统，在极大程度上方便了法官，降低了法院的司法成本；执行案件流程信息管理系统和执行管家系统，为两到三年基本解决"执行难"问题提供了技术保障。

就山东法院而言，法院信息化建设从起步到现在成绩斐然，然而，同全国许多法院面临的问题一样，山东法院信息化也是对审判执行工作的管理多于服务，给法官带来的困扰多于帮助支持。可以说，对于审判执行支持力度不足、服务水平不高是目前法院信息化最大的弊端之所在。因此，打造法院信息化3.0版还必须借力信息化提升审判执行质效。

1. 优化审判执行系统

近年来，包括山东在内的全国各地法院对于审判信息化建设高度重视，开发了不少外观精美、内容丰富的审判信息系统，但是在硬件技术、软件系统上仍然存在一些缺漏和弊病，有待进一步优化。

在硬件技术方面，首先，审判系统平台在操作过程中或多或少存在响应速度慢、功能不完善、使用不方便、界面不友好等问题。审判人员在使用审判系统进行录入、查询、下载等各项操作时，系统反应慢、操作不流畅、平台不稳定等问题尚未根除。其次，系统功能不够健全。审判人员通过信息系统往往只能进行简单的案件办理流程录入、案件查询等操作，法官审理、办案常用的案卷调取，相互关联案件查询，法律法规、司法解释查询功能等，在系统内还难以有效实现；最后，系统的便利性有待进一步提升。辅助法官提高审判效率是建设审判信息系统的重要目的，如果系统自动化水平不高，要求法官必须亲自将案件的每一个办案流程节点手工录入系统，就容易打断甚至打乱法官的办案节奏。因此，下一步还应将提升信息系统性能作为重点工作。一是提升办公硬件水平及审判系统本身的性能，使系统各项功能的实现更为迅速、流畅；二是从服务法官办案、为审判工作提供支持的角度设计和改进系统，开发更多的服务功能，集合更多、更全面的信息，提高审判系统的自动化水平，在兼顾审判的控制和管理的同时，不断强化对法官的服务能力，提升服务质量，让法官享受到审判系统带来的便利。例如，案件鉴定流程应由法官从审判系统发起申请，鉴定部门立案触发审限自动中止，并将鉴定过程节点随时录入系统，法官可以通过系统实时知晓案件鉴定流转情况，无须每个案件都要等待鉴定部门的纸质材料。

在软件系统方面，山东法院现在部署的多个平台软件以审判业务管理为主线，以审判数据为重点，而用于辅助审判的软件相对较少，功能不够强大、贴心。无法得到审判人员的认同和使用。因此，必须意识到，提高审判人员对系统的认同度和使用频率的关键在于让其感受到信息技术在办公办案中的切实好处。可以从以下几方面入手：一是研发法官办案智能辅助系统，利用数据分析技术实现关联案件、参考案例、法律法规等信息的主动推送服务，为法官办案提供个性化、精细化、智能化服务。二是提高审判系统自动化水平，使审判流程信息能够自动回填，裁判文书能够自动纠错，对于文书中常见的格式错误、错别字、逻辑缺陷等能够自动加以甄别，待办事项能够及时提醒，更好地方便法官办案，减轻法官负担，山东智审系统的应用就是一个很好的尝试。山东不少法院的信息系统已经实现了此方面的部分功能，今后有必要进一步延伸其适用范围，并不断提高其精确度和友好性。三是推进电子卷宗随案同步生成，供法官办案、合议庭合议、审委会评议、调卷阅卷、裁判文书制作等工作使用。济南市市中区、临沂市兰山区、寿光市等法院在此方面做了积极探索，成效明显，今后应尽快推广其经验做法。四是转变流程设计理念。在流程设计上，应突出以人为本，以审判权运行机制为中心，从服务法官的角度入手，强化法官对案件的掌控进程。例如，案件鉴定流程应由法官从审判系统发起申请。五是注重技术与业务的深度融合。从服务审判执行工作、深入了解法官真实需求出发，由技术部门和精通审判业务的一线法官组成审判系统开发小组，在充分调研的基础上，对现有的审判执行系统进行反复研讨和修改。论证审判系统各项功能的可行性、必要性，尽可能使系统设置贴近一线审判工作，更好地服务一线法官、书记员。

执行工作是法院的重要工作，是落实生效法律文书所赋予的权利的重要一环，是当事人权益得到保障不可或缺的"最后一公里"。最高人民法院提出要用两到三年的时间基本解决"执行难"，这给全国法院执行信息管理系统提出了很大的挑战。能否解决好这个问题，很大程度上也有赖于能否从以下几方面进一步提升执行工作的信息化水平。首先，提升系统覆盖面。现已建成的执行系统覆盖面尚有缺漏，查控平台应用力度不够。对于被执行人财产，只有银行查询存款的渠道比较顺畅，大部分法院还无法在线查询被执行人的房产、车辆等财产信息。其次，进一步拓展执行系统的功能。目前执行法官能够通过执行系统查询到被执行人在大部分银行的财产，也能够实现对其中一些银行财产的冻结，但是当事人的债权的实现最终还要通过扣划落实。目前执行系统在扣划方面仍然存在较大缺失，除个别银行外，仍然无法直接扣划，无法直接实现当事人的法定权益。今后，系统应考虑逐步实现查、冻、扣的联动和一体化。对于车辆等财产，也应在提升查询能力的基础上增设控制和处置功能。

2. 消除"信息孤岛"现象

要提高审判执行系统的服务水平，需要在这个系统中集合足够多的资料、信息和资源。而目前的审判信息系统与法院内外部的各个系统相互脱节，只包含案件审理信息，"信息孤岛"现象严重，审判系统对审判的支持受到很大的局限。

因此，必须打破这种"画地为牢"的现状。既要增加审判信息系统与其他法院内部审判支持系统的连接，也要增加互联网对案件审理、送达等相关信息的结合程度。例如，民事送达工作已经成为民事审判过程中的顽疾之一，因送达难、送达周期长以及送达不合法导致案件发回重审等现象屡见不鲜。由于执行信息系统中有大量被执行人的身份和地址的准确信息，而这些信息中有一部分和当事人的身份重合，因此，利用执行系统中已有的身份信息就能提高送达的成功率；同样，当下网上购物已经成为人们生活中不可或缺的一部分，利用网上购物中留下的收货地址来辅助送达，也能事半功倍。

3. 提升系统开放程度

考虑到系统的安全性、保密性的需要，目前审判系统往往给使用者设置了不同的权限，其中，院长、庭长的权限较大，可以查询的信息相对丰富，而一线法官的权限有限，往往无法满足其查询信息的需求。但是，一方面普通法官作为审判办案的主体是各类系统最主要的用户，需要通过系统获得更多的支持，给予过多限制显然不利于系统的充分利用；另一方面，随着司法公开工作不断深化，除了个别涉及国家秘密、商业秘密、个人隐私的裁判文书外，其余的都应在互联网上公开。显然，不必要再过多限制法官权限。

因此，下一步工作中，应考虑逐步开放和增加普通法官的权限，这不仅有助于法官在更大程度上享受到法院信息化建设的红利，也有助于提高法官对信息化利用的认同和认知，提高审判信息系统的利用率。

（四）以数据治理为目标

"缺少数据资源，无以谈产业；缺少数据思维，无以言未来。"《国家信息化发展战略纲要》提出实施大数据战略。《人民法院信息化建设五年发展规划（2016—2020）》进一步提出，要建立大数据分析系统并开发各类智能化服务，充分运用大数据等司法信息资源，建设大数据管理和服务平台，强化数据集中管理和共享交换，提升人民法院大数据智能化服务水平。可以说，在全社会借助数据完成各项社会任务的同时，不可忽视在司法活动中用数据说话、挖掘数据潜能。审判和执行过程中产生了大量的数据，这些数据的处理也离不开大数据的支持和帮助，只有立足于应用系统和数据资源的贯通与融合，推进信息化建设转型升级，司法大数据才能更好地服务人民群众、服务审判执行、服务审判管理、服务社会治理。因此，今后在建设法院信息化3.0版的进程中，还需要进一步发挥法院大数据应用成效。

1. 提高数据开发应用水平

"深度应用"是人民法院信息化3.0版的重要特征，要求充分运用大数据、云计算、未来网络、人工智能等技术和人民法院丰富的司法信息资源，分析把握新形势下审判执行工作的运行态势、特点和规律，为法院自身建设、国家和社会治理提供不断深化的高质量信息决策服务。

人民法院在信息化应用过程中会产生大量的审判执行案件信息、司法政务信息、队伍建设信息、司法保障信息等，这些信息不仅包括数字，还包括大量的图像、音频、视频等形式。据不完全统计，全国法院一天立案数量超过67000件，与如此大的登记立案率相对应的是庞大的庭审案件信息与庭审录音录像等审判数据。殊为可惜的是，如此海量数据并没有得到开发利用，未能对推进法院审判业务开展发挥应有的作用。有的法院重建设、轻应用，在建设上投入很大的人力、物力、财力，别人有的软硬件系统都有，但是对应用好这些系统重视不够，要求不高，没有使其发挥出应有作用。

包括山东法院在内，全国法院都面临着如何更好地开发应用法院大数据的任务。法院信息化建设中的云计算为这些海量、多样化的大数据提供了存储和运算平台。其前景包括：一是完善智能化辅助办案平台。通过对司法数据的管理、处理、分析与优化，建立以大数据分析结果为支撑的智能化辅助办案平台推动法官审判经验共享、司法资源智能推送、诉讼结果预判，并进行审判偏离度分析、预警等，这可以极大地提高工作效率。如执行指挥中心可以利用全国法院执行案件信息管理系统、数字法庭系统、远程指挥系统、执行查控系统、执行联动系统等各类信息系统的数据，实现远程中央指挥、大案要案决策分析、案件动态管理、司法网络查控、快速应急处置、跨部门联动威慑等功能。二是加大跨行业的大数据利用。这些大数据可以提高司法效率，通过信息共享和网络协同服务，推进司法机关之间、司法机关和社会其他部门之间的数据信息资源互联共享。比如，通过海量的执行案件历史数据分析，可以对被执行人的诉讼信用、财产分布、主要涉诉区域进行深入分析，得出当事人的诚信度，确定案件的执行方案。三是依托司法大数据服务社会治理科学化。一个案件，在网络上会留下当事人、社会、公共政策等各方面的数据，这些数据的沉淀有助于进行预测和决策，以便有针对性地加强对社会的管理。在以构建总体国家安全、共建和谐稳定为基本导向的政法工作中，人民法院可以充分利用审判信息大数据掌握案件规律，为化解矛盾纠纷、参与社会治理提供决策依据。

2. 提高数据信息利用效率

近年来，人民法院在审判管理信息化方面做了大量卓有成效的努力，如山东法院就形成了审判执行、政务管理、人事管理、领导决策、业务协同、司法公开六大类共81套应用系统；实现了审判流程管理、案件质量评查、庭审质量考评、审判质效管理等审判管理工作的信息化。但另一方面，全省大多数法院的应用范围局限在流程管理、网上办公、公文传输等几个方面，没有广泛用于数据分析等方面，司法信息资源的价值没有得到充分体现，信息资源的规模效益和社会效益也未得到有效发挥。

因此，要不断加大审判管理信息的利用深度和广度，使开发的司法管理系统得到更加深入的运用。例如，建设司法数据的集中管理平台，以自动提取的案件数据为基础进行司法统计，开展案件运行情况分析，并为人员调配、法官员额设置、司法辅助人员的招录甚至法官绩效考核、奖励等提供依据或者参考。又如，通过电子化，不仅可以保证电子卷宗随案同步生成，还将电子卷宗提供给法官办案、合议庭合议、审委会评议、裁判文书制作、案件评查、上级法院调阅等工作使用。同时，提高审判信息的利用率，还应增加管理系统的便利性和可塑性，在系统应用过程中如发现问题和不便之处，可以随时向技术部门提出修改意见，做到及时、方便地优化和调整。

3. 加强法院信息互联互通

法院信息化建设已开展多年，各类信息系统基本搭建完成。为了加强审判管理，各地法院花大力气建设了包括案件流程管理、档案管理、法官培训、人事管理、政务管理、纪检监察监控在内的各项司法管理系统。但是，法院信息化建设仍然面临一系列挑战，众多应用系统功能多样但兼容性不佳，审判、人事、政务信息之间统一管理力度不够，信息没有交互应用，没有实现法院内部各种信息系统之间互联互通；诉讼服务缺乏统一入口和服务整合；案件信息管理系统不符合《人民法院第四个五年改革纲要（2014—2018）》对审判执行工作的要求；一些法院内部多头管理、各自为政，甚至相互掣肘，信息化分工协作的运行模式不顺畅；开发的多个司法管理系统缺乏整体性，综合效能展现不足；山东法院部署的多个软件系统涉及的司法领域繁杂，性能、设计理念各异。参与平台建设的各个公司各有所长，却没有一家能包含所有的工作层面。这些平台虽都已经具备了纵向的数据点，而横向的数据联系关联度还不够，与最高人民法院建立信息化标准体系，统一规划、科学整合、资源共享、有效应用的要求还有一定的差距。

未来加强人民法院信息的互联互通还需要做好以下几方面。第一，加强信息化建设的整体规划和顶层设计。受各方面因素影响，各地法院的信息化建设差异较大，多头开发、重复建设的问题十分突出。究其原因，很重要的一条就是缺乏科学的整体规划，一省之内甚至同一法院之内的信息化建设也大相径庭，导致各地区、各领域的司法系统平台不能兼容、无法对接，难以形成合力，严重影响信息化建设的整体推进和协调发展。因此，建议充分发挥规划的引领作用，从人民法院信息化建设业务需求出发，加强各项顶层设计工作，根据《人民法院信息化建设五年发展规划（2016—2020）》的要求，制定各省、自治区和直辖市的五年发展规划，并逐年评估修正，统筹辖区法院信息化建设。在全国法院信息化互联互通的基础上，逐步实现大数据的运用和整合。

第二，加强对现有应用系统的整合。建议花大力气整合信息管理系统，实现司法信息资源的充分整合和兼容，充分利用审判信息、纪检监察信息服务于干警业绩考核，通过案件流程管理、档案信息反馈服务于审判人员，利用网上办公平台、政务信息服务于全体工作人员等，发挥信息资源规模效益和社会效益，使案件信息实现从一线干警到院长、庭长的点到点即时传递，实现扁平化管理，促进司法管理的科学化，提高司法管理效能。另外，为了克服各个法院之间案件管理系统和办公平台不兼容、不统一的问题，建议由最高人民法院主导完成办公办案平台一体化整合和移动应用，并利用法院专网提供一批全国性应用系统。大力整合各类应用系统，实现不同应用之间的信息共享和审判、人事、政务信息的统一管理，并依托法院专网实现地方法院之间的横向信息交互。特别是对于最高人民法院建设的贯穿四级法院的应用系统，要坚持"全国法院一盘棋"，按照统一的接口规范和标准进行数据交互，确保实现全国法院数据上下联动、互联互通。为此，山东省高级人民法院已经开始制定平台之间的互联互通、数据之间关联共享的技术标准，以后平台建设和数据交换要通过这个标准实现。山东省高级人民法院的审判业务云系统，在滨州市人民法院的试点效果良好，已经做到审判数据与智审平台的互联互通、交换数据。

第三，实现司法大数据的跨界融合。人民法院信息化3.0版具有跨界融合、深度应用的重要特征。一方面，应当加强收集外部数据服务审判的能力。司法大数据不应仅仅局限于本法院内部，应当加强上下级法院之间、跨辖区法院之间、法院与相关政法部门之间、法院与企业之间、社会组织之间的沟通协作水平，建立统一共享交换机制，实现跨系统、跨部门、跨区域、跨层级、跨网系的数据共享。另一方面，提升司法审判数据对外的反馈水平。充分利用法院丰富的案例资源，加强云计算和大数据技术的运用，认真分析和把握新形势下审判执行工作的特点和规律，为加强法院管理、推进司法公开、参与社会管理、促进经济社会发展提供决策服务。

（五）以保障机制为支撑

近年来，全国各级法院积极将信息化运用拓展到行政事务、档案管理、人事管理、纪检监察、财务管理和后勤装备等领域，为各级领导及内外部各部门机构提供"数据集中化、流程可视化、管理精细化"的辅助管理手段，切实提高司法决策和管理科学化水平。要达到法院信息化3.0版所要求的"全面覆盖""跨界融合""深度应用"，将法院管理工作从经验性、模糊化管理转变为数字化、精密化、科学化、智能化管理，还需要做好以下几点。

1. 推动信息化建设均衡发展

审判管理是实现审判工作良性运行的重要保障。传统上，人民法院的审判管理都是靠手工台账和司法统计报表方式进行，难以保证数据的客观准确性，无法及时、动态地反映审判动态。因此，信息化对审判管理的作用和意义不言而喻。

山东法院已经实行案件从收案登记、立案审批、分案排期、案件送达、案件审理、结案审查到案件归档的流程化管理，通过信息网络系统的上下连接，将案件上诉、再审等环节纳入管理，实现了全方位、立体式、无缝隙的网络监督。全省每年100余万件案件均实现了流程管理，并且在科技法庭管理平台建设、电子卷宗系统等方面走在了前列。但是，省内各市、县区审判管理的发展水平尚不均衡。例如，济南市市中区人民法院于2004年即建成并启用电子卷宗系统，并实现电子卷宗随案同步生成、所有电子化材料均通过密码向当事人全面同步开放，把电子卷宗系统"搬"到了互联网平台上。但对于多数法院来说，要么还面临硬件设备投入不足的问题，要么面临管理理念、管理模式难适应的问题，要照搬济南市市中区人民法院现成的经验还需要时间。又如，烟台市中级人民法院建成了信息集控管理中心，对每一起案件，从最初的立案信息录入到最终的裁判文书上网，均可以通过审判流程管理系统进行管理跟踪，全面掌控审判工作的各个环节，对关键节点作出智能自动提示、预警，确保审判权运行全程留痕可追溯。信息集控管理中心可对全市 239 个科技法庭和诉讼服务中心、接待室、阅卷室等场所实施全方位监控、"千里眼"巡视、无缝隙监察。与之形成鲜明对比的是，一些法院信息化基础设施建设相对薄弱，经济欠发达地区法院信息化建设投入不足，软硬件设施配置较低的问题仍然突出。

法院信息化不是个别地区、个别法院的事，因此，亟须改变各地法院信息化管理水平参差不齐的现状，加大对经济欠发达地区法院信息化建设的投入力度，甚至要配合信息化的推进，不断推动法院内部管理、审判执行的流程再造。

2. 提高信息化安全保障水平

随着大数据时代的来临，法院信息系统不断更新完善，存储了海量的审判信息、当事人资料，这些数据一旦遭到破坏或泄露，将对审判工作和社会公众产生极大的危害。大数据时代对法院信息的安全性提出了更高的要求。

习近平总书记深刻指出，安全是发展的前提，发展是安全的保障。发展至今，山东法院在信息化安全保障方面做出了以下努力：第一，包括山东省高级人民法院在内的部分法院完成了信息安全等级保护评测工作。第二，山东省高级人民法院与辖区各中级人民法院及基层法院之间部署了防火墙和入侵检测系统，阻断非法访问和攻击。第三，核心路由器、核心服务器实行双备份。第四，建立健全权责明晰的网络安全责任制，落实各项安全保护技术措施，切实提高基础信息网络和重要信息系统的安全保护水平。

今后，山东法院要按照人民法院信息化 3.0 版中"安全可控"的要求，继续加强法院信息化安全保障力度。一是高度重视网络安全和网络保密工作，健全法院信息安全监管框架，落实信息安全等级保护和保密管理分级保护制度，提高基础信息网络和重要信息系统的安全保护水平。二是积极开展信息系统的等级保护测评工作，加强对移动办公办案系统的安全认证，及时消除安全隐患，实现各类信息系统的安全可控。三是要根据法律规定和审判执行工作的特点，科学界定公开与不公开、依职权公开与依申请公开、对公众公开与对当事人公开的信息范围。四是在设备选型上，要坚持"软硬件产品国产替代"的国家战略，在能够满足使用的前提下，尽量选择国产品牌。在防护措施上，合理划定网络和信息系统保护等级、部署范围，建设并完善安全防护、身份认证和授权管理等设施。五是在安全管理上，健全安全工作机构，合理划分工作职责，完善信息安全管理制度，加强监督检查、指导和考核。

3. 提升法院干警信息化能力

习近平总书记指出，各级领导干部特别是高级干部，如果不懂互联网、不善于运用互联网，就无法有效开展工作。法院信息化建设离不开人，法院信息化应用离不开人，可以说，人的作用在法院信息化3.0版建设应用方面至关重要。虽然山东各级法院近年来不断创新各类人员培训机制，提升和统一干警对法院信息化的思想认识，但必须看到，法院系统全体干警对法院信息化的认识境界是参差不齐的。山东法院信息化培训从互联网基础知识入手的做法无疑是有针对性和行之有效的，但同时也可以说明，在山东这样一个经济大省、沿海发达地区，法院干警的信息化素养与法院信息化3.0版建设的目标之间的矛盾尚且十分突出，更遑论其他地区了。事实上，全国法院普遍面临法院信息化建设中的"人"的问题，比如：一些法院干警，特别是法院的领导干部对于信息化的重视和认识程度有待进一步提高；每次有新的应用软件，虽然经过培训讲解，但是部分干警仍处于不会用、不愿用的状态；部分干警对信息化工作的理解还停留在表面，对现代信息技术的发展之快、应用之广、渗透之强、影响之大缺乏足够认识，对做好新时期法院信息化工作缺乏应有的责任感、紧迫感和使命感。

　　领导干部对信息化重视程度不够，会直接影响一个法院、一个部门信息化的投入；普通法官、司法辅助人员对信息化不理解、不认同，一来会减少信息化工具的运用，使信息化工作进展缓慢，二来会影响信息和数据的准确性，使数据失真，增加信息化失败的风险。

　　因此，必须让法院每一名干警充分理解信息化的重要意义，要将信息化建设作为首要工程来抓。一方面，重视信息化对领导干部审判管理和普通干警审判执行工作的支持，令其从内心认同信息化的重要性；另一方面，为法院的院长、庭长、法官、司法辅助人员提供更多的信息化培训的机会，使其了解信息化的背景、重要性及给审判工作带来的帮助，令其会用、能用、爱用与司法审判、管理相关的各个信息化系统。

4. 加强法院信息化人才培养

人民法院虽然建成了一支相当规模和水准的信息化机构和队伍，但仍然存在短板，特别是具备大数据分析、调研能力的人才极度匮乏，不能满足信息时代审判业务发展的需要。信息技术人员往往对司法业务不甚了解，而司法人员对信息技术、大数据又十分陌生，既精通审判业务和大数据，又能够通晓信息技术的人才少之又少，这成为阻碍信息化改革和司法大数据应用范围拓展的人才短板。

截至 2016 年底，山东省高级人民法院和 19 家中级人民法院全部成立了由院长担任组长的信息化工作领导小组。其中，13 家法院已成立专门信息化机构，7 家法院采用信息化部门与其他部门合署办公形式。全省三级法院共有信息化专业人员 463 人，其中，山东省高级人民法院有 12 人，19 个中级人民法院有 98 人，平均每个法院有 5.2 人，155 个基层法院有 353 人，平均每个法院有 2.3 人。信息化队伍整体学历水平较高，全省三级法院信息化队伍中，本科及以上学历的有 371 人，占 80.1%，其中，本科学历的有 328 人，硕士学历有 42 人，博士学历有 1 人。所有人员中，法律相关专业人员有 90 人，占 19.5%，计算机相关专业人员有 320 人，占 69.1%，其他专业人员有 53 人，占 11.4%。尽管山东法院在信息化人才队伍建设上颇有成绩，但仍面临一系列问题。

第一，信息化专门机构设置还不规范。以山东省高级人民法院和 19 个中级人民法院为例，20 家法院中，13 个法院设立了专门机构，占 65%，其中 9 个为行政编制机构，4 个为事业编制机构；另有 7 个中级人民法院的专门机构正在申请成立中，暂与其他部门合署办公。其中，与办公室合署办公的有 5 个，与审委办、研究室合署办公的各有 1 个。

第二，基层法院信息化专业人员配备相对较弱。全省 155 家基层法院中，有 3 位或 3 位以上信息化专业人员的法院有 62 家，占 40%，有 2 位的法院有 52 家，占 33.5%，仅有 1 位的法院有 41 家，占 26.5%（见图 7）。

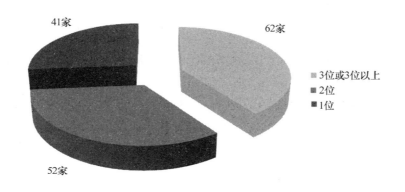

图 7　山东拥有信息化专业人员的基层法院数量

　　第三，合同制人员占相当比重。全省三级法院信息化队伍中，聘用人员（或合同制人员，下同）有 148 人，占 32.0%。在基层法院信息化队伍中，聘用人员有 120 人，占 34.0%。高级人民法院和中级人民法院聘用人员相对较少，仅有 28 人，占 25.5%。

　　因此，加强信息化与大数据应用人才培养刻不容缓。为使法院信息化真正发挥作用，充分发挥大数据的功能和效用，需要从以下四个方面入手。一是高度重视信息技术队伍建设。很多法院信息化管理部门专业技术人员不足，维保工作主要采取服务外包的形式，人才建设有待提升；现有技术人才往往在法院中处于边缘地位，待遇、晋升空间制约其良性发展。因此，信息化工作的推进亟须配齐、配强各类专业人员，要提高配置的信息专业人员的职级待遇，以调动其积极性。二是培养一支同时精通大数据和司法业务的队伍，使大数据、技术和业务最大限度地实现融合，系统运转良好畅通。要注重从具备一定法律知识、了解审判执行业务又熟悉大数据分析的人员中选择优秀人才，充实到信息化管理和技术人才队伍中。三是积极探索购买服务，借助外脑，建立一支专家咨询队伍，利用社会力量为法院的大数据分析、整理提供技术支持，不断提高法院信息化技术和大数据分析水平。四是加强信息化、大数据的专门培训。法院信息化工作能否跟得上信息化发展潮流是决定法院信息化发展水平的关键，有必要加强信息化技术的专门培训，用最前沿的理念、最尖端的知识武装法院信息化队伍。

小结

信息化建设永无止境。相较于昨天，法院信息化建设成效明显；但展望明天，法院信息化建设仍在路上。对于山东法院而言，其信息化 3.0 版建设已经取得了明显成效，但和全国大多数地区一样，仍然存在信息化建设推进的步伐无法满足不断增长的信息化应用需求的问题。这集中体现为法院信息化在服务审判执行、服务人民群众、服务司法管理方面，仍面临各种各样的困难和问题。因此，必须提高对法院信息化的认识，培养一批信息化专业人才，努力将信息化建设与用户需求进行对接，让广大干警从信息化建设中受益，有效缓解案多人少的矛盾，提高办案质效；让广大人民群众借助法院信息化感受到司法权力运行的透明度和公正性；让管理者凭借法院信息化实现司法管理的精细化，让决策者凭借法院信息化及时掌握社会发展形势，作出准确的决策。

结　语

　　根据法院信息化 3.0 版的建设要求，人民法院信息化建设的目标是建设"智慧法院"，服务人民群众、服务审判执行、服务司法管理，具备全面覆盖、移动互联、跨界融合、深度应用、透明便民、安全可控的特征。最高人民法院提交第十二届全国人民代表大会第四次会议审议的《2016 年最高人民法院工作报告》提出，要加快建设"智慧法院"，通过信息化实现审判执行全程留痕，规范司法行为，力争到 2017 年底建成全面覆盖、移动互联、透明便民、安全可靠的智能化信息系统；完善司法公开三大平台和数据集中管理平台，加强大数据分析，统一裁判尺度，促进类案同判和量刑规范化；针对审判数据反映的问题，及时提出司法建议，促进社会治理；推进诉讼档案电子化、诉讼文书电子送达，解决调卷难、送达难等问题。

　　近年来，山东法院信息化建设投入了大量人力、物力，建成了各类信息系统，其应用成效也十分显著，基本完成了由 2.0 版向 3.0 版的转型升级。山东法院在加强组织领导、创新培训模式、加强考核评比以及转变人的观念与提升人的素质方面积极探索；在加强法院审判执行及管理业务与信息技术的融合方面，着力解决信息化建设"两张皮"现象，注重信息系统建设的智能性、日常性；更为关键的是，山东法院强调信息化建设必须让服务真正落地，着力探索如何建设实用、好用、友好的信息化系统。

可以说，山东法院信息化3.0版建设中的不少经验值得全国其他地区的法院学习借鉴，同时，其在此过程中遇到的问题多数也是全国法院面临的共性问题，值得其他地区的法院在推进法院信息化3.0版建设过程中引以为戒。另外，其中的共性问题，也应当在全国层面予以重视和解决。

附件

山东法院信息化建设五年发展规划

（2016—2020）

目　录

（四）主要问题分析

1. 顶层设计整体规划与对下指导相对缺乏

2. 基础设施建设现状与应用发展不相适应

3. 应用系统整合力度与支持能力亟待加强

4. 数据管理智能分析与服务亟须推向深入

5. 保障体系难以满足信息化快速发展要求

6. 应用成效覆盖范围与实现方式有待拓广

二　发展需求

（一）顶层设计需求

（二）系统建设需求

1. 基础设施建设需求

2. 应用系统建设需求

3. 数据服务建设需求

（三）保障体系需求

（四）应用成效需求

三　指导思想

（一）指导思想

（二）发展思路

1. 围绕"一个目标"

2. 实现"两步跃升"

3. 坚持"三个服务"

4. 着力"四个方面"

5. 突出"五个转变"

6. 强化"六个延伸"

四　建设目标

五　重点任务

（一）加强顶层设计

（二）加强系统建设

1. 以云计算等为支撑，构建一体化基础设施

2. 以融合贯通为重点，构建全流程应用平台

3. 以智能服务为目标，构建大数据分析系统

（三）强化保障体系

（四）提升应用成效

六　保障措施

（一）加强组织领导，更新发展理念

（二）加强队伍建设，优化人才结构

（三）加大经费投入，优化资源配置

（四）加强科技创新，注重应用实效

（五）加强制度建设，推进规范管理

（六）加强科学管理，严格工程实施

前　言

十八大以来，全省法院紧紧围绕全面推进依法治国战略部署，以促进审判体系和审判能力现代化为目标，坚持服务人民群众、服务审判执行、服务司法管理，下大力气推进信息化建设，基础设施、应用系统、数据资源和安全保障建设取得重大进展，为深化司法为民、提升审判质效、规范司法管理提供了有力支撑。

当前，国民经济和社会发展第十二个五年规划已然胜利完成，第十三个五年规划即将全面启动，党中央依法治国战略为人民法院赋予了崇高神圣的重大使命，深化司法改革为人民法院发展增添了十分强劲的推动力量，新一轮全球科技革命为人民法院信息化建设提供了扎实的技术基础，人民群众日益增长的司法需求对法院工作提出了前所未有的多元化要求。

为顺应形势、抓住机遇，在"十三五"期间更好地统筹和指导全省各级法院信息化建设，进一步推动转型升级，促进审判体系和审判能力现代化，依据《最高人民法院关于全面深化人民法院改革的意见》《人民法院信息化建设五年发展规划（2016—2020）》《最高人民法院关于人民法院信息化人才队伍建设的意见》《山东省国民经济和社会发展第十三个五年规划纲要》等文件精神和山东法院信息化建设现状制定本规划。

一　发展现状

"十二五"期间，山东法院高度重视信息化建设，按照"大数据、大格局、大服务"理念，以服务人民群众、服务审判执行、服务司法管理为主线，不断强化互联网思维，积极打造数字化、透明化、可视化、智能化的信息化应用平台，初步实现"网络全覆盖、数据全集中、业务全贯通"，为全面推进审判体系和审判能力现代化提供了有力的信息技术保障，总投资13亿余元。

（一）系统建设现状

经过多年的拓展，我省法院网络覆盖范围不断扩大，传输和共享能力不断增强，面向用户的业务系统初步形成，以审判执行为主、司法人事和司法政务为辅的三类信息资源粗具规模，数据集中管理实现突破，服务人民群众、服务审判执行、服务司法管理的效果逐渐显现，基本形成了经济实用、方便快捷的人民法院信息化2.0版。

1. 以基础网络为核心的基础设施体系基本完善

法院专网等各类基础设施成为法院信息化的主要支撑。全省法院已建成较为完善的基础网络体系，包括用于办公、办案等应用的法院专网；用于连通政法部门开展协同办案的政法专网；用于支撑视频会议、视频接访、远程讯问、远程审判、安防监控、科技法庭等音视频应用的视频专网等；建成非涉密数据隔离交换设备或系统，实现法院专网与外部专网、互联网之间的跨网数据交换；全省73％的法院建设了标准化机房，普遍配备服务器和存储等计算设施，主要业务系统双机热备；全省法院共建成科技法庭1800余套，建设了视频会议、远程接访、远程审讯等视频应用系统和音视频统一管理平台，实现音视频信息统一管理和调度。

互联网及服务设施成为服务人民群众的纽带。全省所有法院均实现了互联网接入，租用公有云建设了全省法院政务网站群、司法公开三大平台、庭审直播网、律师服务平台等，互联网应用及其移动应用发展迅猛。

外部专网成为信息共享和业务协同的重要渠道。省高级人民法院与34家银行业金融机构建立点对点连接，初步满足数据报送、信息共享、执行查控和信用惩戒等业务协同需要。作为首批参与资源共享的十个单位之一，与省信息化工作领导小组办公室签订共享协议，积极推进与公安、民政、工商等单位业务协同，实现了人口、车辆、工商等信息的网络查询。

2. 以审判执行为核心的业务应用体系全面发展

构建了以司法公开为核心的便民应用体系。统一规划和建设了覆盖全省三级法院的政务网站群和审判流程公开、裁判文书公开、执行信息公开三大平台；三级法院全部开通官方微博，大多数法院开通官方微信；建设全省三级法院高清视频庭审直播网；全省各级法院均建成了12368诉讼服务热线、律师服务平台，部分法院建成了诉讼服务大厅，安装了自助查询设备，支持网上立案、网上缴费、延期开庭、材料收转、联系法官等诉讼事务。

构建了以审判执行为核心的业务应用体系。全省法院均安装了审判业务管理系统，实行从收案登记、立案审批、分案排期、案件送达、案件审理、结案审查到案件归档的流程化管理；实现了案件卷宗扫描、流转、归档、借阅流程化；对第一审普通程序和第二审刑事、民事、商事和行政案件全程同步录音录像；自动生成反映审判质量、效率、效果的指标体系的各项审判质效数据；

开发了全省法院执行信息管理系统，执行查控和信用惩戒系统；多数法院建成执行指挥系统；全省法院建成远程视频接访系统和信访管理系统，部分法院建成网上申诉信访系统；省高级人民法院和15个办理减刑假释案件的中级人民法院建成减刑假释系统等。

构建了以网上办公为核心的政务管理体系。各级法院均建成网上办公系统和内部网站，实现公文发布、信息发布、信息查询、部门事务管理、个人事务管理等应用；内部网站设置通知公告、新闻中心、庭室园地、法律法规、资源共享等一级栏目及100余个二级栏目；开辟机关党建网、纪检监察网、行政装备网、民事审判网、信息化建设网等部门网站；公文传输实现除涉密文件外，各类公文均通过网络传输。

构建了以业绩档案为核心的人事管理体系。部分法院建设了干警业绩档案系统，依托审判质效评估指标体系，建立符合审判工作实际的审判绩效考核机制，对法院、业务部门和审判、执行人员分别制定审判绩效考核办法，合理设定审判绩效考核指标及其权重系数，对所有工作人员的工作情况进行记录、公开，使每个人的工作业绩一目了然。

3. 以数据分析为核心的集中管理工作取得突破

建设集调度处理、集中控制、监测管理和观摩展示于一体的信息集控管理中心，建成山东法院数据集中管理平台，已集中 2010 年以来全省各级法院 676 余万件的案件信息，向最高人民法院报送数据 500 余万件，数据合格率达到 100%。在此基础上提供信息纵览、审判动态、审判质效、综合搜索等信息服务。

（二）保障体系现状

以安全、运维和人才为重点的法院信息化保障建设稳步推进，为信息系统建设和应用提供了有力支撑。

1. 构建了以等级保护为核心的安全保障体系

全面落实网络信息安全管理制度，严格实行内外网物理隔离，加强数据备份，确保信息安全。部署了非法外联监控系统，保证内外网计算机之间物理隔离，内网向外网的介质数据禁止传输，外网向内网的数据采用"三合一"单向导入系统传输；在省高级人民法院与各中级人民法院、基层法院之间部署防火墙和入侵检测系统，阻断非法访问和攻击；部署存储备份系统，核心路由、核心服务器实行双备份，用于保护等级最高的法院核心业务数据；82%的法院开展等级保护工作，已备案

20余个等级保护为第三级的重要信息系统，根据测评结果，积极开展整改工作。

2. 构建了以服务保障为核心的运维发展体系

省高级人民法院按照硬件和软件的不同需求，制定了不同的运维方案。省高级人民法院和23％的中级人民法院、基层法院开展了外包服务。经过几年的实践，形成了一套相对科学、规范的运维管理机制，切实保证了信息系统安全稳定运行和信息资源开发应用。

3. 构建了以专业人才为核心的队伍保障体系

各级法院均成立了信息化建设领导小组，全省三级法院中有99家设立了专门信息化机构，形成了一支460余人的专业技术队伍，其中在编人员316名，聘用人员近150名。通过技术培训、专项讲座、专题研讨等多种方式不断提高技术人才的业务素质。

（三）应用成效现状

法院信息化在推动司法公开、深化司法为民、提升审判质效、规范司法管理等方面取得显著成效，为各级领导、法院干警和广大人民群众提供了良好的服务。

1. 司法为民不断深化

拓展司法公开的深度和广度。司法公开三大平台、庭审直播网、微博、微信保障了人民群众知情权、参与权、表达权、监督权，让人民群众掌握更加真实、对称的信息。

开辟司法为民的领域和窗口。网上立案、电子送达、文书查询、诉讼档案查询等为人民群众提供交互式、全方位、立体化诉讼服务，初步形成线上线下、庭上庭下多样化司法服务能力，努力让人民群众少跑路、少花钱、少受累，让司法更加贴近人民群众。

创新公众沟通的方式和渠道。利用政务网站、手机APP、微博、微信、微视等新媒体即时互动、受众广泛的优势，建立便捷沟通渠道，使当事人和法院之间实现即时互动，按需获取信息，随时参与沟通。

2. 审判质效显著提升

化解司法需求和司法能力之间的矛盾。依托案件信息管理系统，实现审判活动主要流程节点信息的网上流转和卷宗的数字化管理，促进了审判工作程序化；依托审判支持系统，为法官提供法规查询、案例指导、量刑参考、一键排版、智能纠错等审判支持服务，使法官办案更加方便、高效；依托电子签章、远程庭审等系统，减轻了群众往来奔波之苦，降低了诉讼和司法成本。

规范权力运行，保障严格司法。依靠信息技术全程留痕、动态跟踪的特点和优势，对办案期限进行预警，对办案程序进行监控，对办案风险进行评估，对庭审行为进行巡查，实现对审判权、执行权运行中重要环节、重要节点、重要岗位、重要人员的监督制约，对主要司法行为的动态监督管理，防止司法权滥用，使违法办案无处藏身，对规范司法权力、促进公正司法、提升司法公信力起到积极推动作用。

推动流程再造和业务创新。形成三级法院上下一体、内外联动的执行指挥体系，加大失信被执行人曝光力度，财产查控力度，信用惩戒力度，促使失信被执行人慑于联合信用惩戒的威力而履行法院判决；远程视频联动接访，对减少涉诉进京赴省上访，破解信访难题发挥了积极作用；网上立案、缴费、阅卷等诉讼业务，让人民群众通过线上交互参与司法活动。

3. 司法管理更加规范

山东法院数据集中管理平台汇集全省法院676余万件案件信息，收发结存、审判质效、热点问题、特定类型案件等分析全面反映审判动态。干警业绩档案管理系统合理设定审判绩效考核指标及其权重系数，为科学考量、评先树优、职务职级晋升提供了客观公正的参考依据。

（四）主要问题分析

1. 顶层设计整体规划与对下指导相对缺乏

整体规划和顶层设计对建设的指导作用相对薄弱；欠缺对音视频、档案等非结构化和半结构化数据的管理标准；缺乏较为成熟的信息化建设效能评估指标体系；尚未形成全面完整的信息化建设管理运行机制，各地管理完善程度不均衡。

2. 基础设施建设现状与应用发展不相适应

全省法院的信息计算和存储较为分散，虚拟化技术覆盖范围较小，资源利用率比较低，无法进行灵活的资源配置和优化，难以满足日益增长的法院业务需求；音视频系统互通共享困难；外部专网与相关部门互联还存在空白；移动专网和涉密内网尚未形成规模；网间信息交换效率低，难以充分支持业务协同。

3. 应用系统整合力度与支持能力亟待加强

众多应用系统亟须进行功能综合和信息集成以支持融合共享，法院内部工作平台与外部服务应用之间尚未实现高效协同；案件信息管理系统尚未全面满足审判执行工作需要，辅助法官办案能力仍很欠缺，对上下级法院、跨辖区法院以及法院同政法等相关部门之间业务协作支持能力不足；移动办公办案、涉密办公、电子公文交换和档案管理能力亟待提高；司法管理系统难以充分满足司法改革对人、财、物统一管理的需要等。

4. 数据管理智能分析与服务亟须推向深入

司法审判信息资源库尚未汇集司法政务、司法研究、信息化管理数据以及与审判相关的外部数据；已集中案件数据质量仍需着力提高；上下级法院之间、法院和单位之间、不同网络之间的数据共享交换体系尚未全面建立；大数据分析智能化水平不高，尚不能为群众诉讼、公众普法、司法资源调配、社会管理和公共服务提供全方位、高水平的智能分析服务。

5. 保障体系难以满足信息化快速发展要求

非涉密重要信息系统等级保护仍需着力推进，涉密信息系统尚未建设；各类业务应用还缺乏统一身份认证机制；运维保障组织架构和服务模式还不完善，尚未形成对信息系统的统一管控能力，数据运维和安全运维仍未全面开展；信息化人才队伍保障能力亟待提高，存在信息化专业人员不足、流动性大等问题。

6. 应用成效覆盖范围与实现方式有待拓广

阳光司法影响力尚未达到应有程度，司法公开三大平台服务实现方式、应用广泛性和群众满意度还需着力提升，诉讼服务"一站式"支持能力尚有欠缺；审判执行应用在"可用"基础上距"易用"尤其是"好用"还很远，部分应用系统一定程度上加重了法官负担；行政事务管理应用还不能适应各类业务部门需要；法院信息化建设成果推广应用渠道分散、覆盖范围不广、针对性较欠缺；"重建设、轻应用"的意识仍然存在，缺少评价信息化建设成效的思路和手段，尚未建立有效的应用成效评估、通报和改进机制。

二 发展需求

新时期法院信息化建设面临十分难得的发展机遇和前所未有的迫切需求。

（一）顶层设计需求

需要从各类业务需求的源头出发，制定切实可行的五年发展规划，以统筹全省法院信息化建设，对信息化建设进行总体设计，明确建设需求，并逐年评估修订，协调项目开发；按照最高人民法院制定的标准体系，整合现有标准，建立健全山东法院标准规范体系；建立一套能够覆盖主要业务范围，并在实践中不断修正完善的应用成效评价指标体系；针对影响审判管理和审判能力的核心技术开展预先研究和技术攻关，支撑信息化建设快速发展；建立健全覆盖信息化各领域的管理机制。

（二）系统建设需求

针对法院信息化不断增长的业务需求和日益提高的性能要求，进一步完善信息基础设施，拓展各类业务应用，加强数据管理和服务。

1. 基础设施建设需求

需要完善和优化五大网系，新建移动专网，构建由法院专网、移动专网、外部专网、互联网和涉密内网组成的五大网系，并通过网系整合建设法院专有云、开放云和涉密云，构建一体化信息基础设施。

（1）以法院专网为基础构建法院专有云

需要优化网络技术架构，扩大专网覆盖范围，提高专网功能性能，支持业务灵活部署；加强信息管理中心建设，实现统一调度和信息管理；规范诉讼服务大厅建设，实现多功能"一站式"诉讼服务；优化音视频综合管理平台，支持各种业务视频的接入和展现；推进科技法庭建设，满足每庭必录、每审必查要求；建设数据备份系统保障数据安全；建设移动专网，为移动办公、巡回审判和派出执行等业务提供支撑；拓展和完善外部专网连接，为部门间信息交换、信息共享和业务协同提供支撑；建设非涉密隔离交换系统，实现法院专网与非涉密网间的数据交换。

（2）通过社会化服务构建法院开放云

需要针对全省各级法院互联网业务不断增加对计算、存储、网络等资源提出的更高要求，利用社会资源，通过租用互联网公有云，构建法院开放云，实现业务灵活开展、资源弹性伸缩、成本按需可控、系统稳定运行，全面提升互联网业务支持能力。

（3）利用国家电子政务内网建设法院涉密云

需要根据审判工作需求和国家保密法律和规章的要求，开展涉密内网建设。利用国家电子政务内网，开展上下级法院间涉密信息传输和业务协同。创新计算、存储、使用模式，建立云服务。

2. 应用系统建设需求

需要大力整合现有应用，覆盖全业务，贯通全流程，为人民群众和法院干警提供"一站式"综合服务平台。

（1）拓展整合便民服务应用，满足人民群众多元司法需求

需要进一步拓展司法为民领域，创新司法便民、利民、惠民措施，积极回应人民群众的关切和期待，保障人民群众的知情权、参与权、表达权和监督权；通过信息技术的广泛应用，进一步节约司法成本，减轻群众诉累，让群众更加便捷地行使诉权，更加直接地监督司法活动，更加真切地感受到公平正义。

（2）重构融合审判执行等应用，满足提升审判质效需求

需要重构审判业务系统，支持案件受理制、主审法官、合议庭办案机制等司法改革要求；强化审判流程节点管控，实现全程留痕，随案生成电子卷宗；整合各类应用系统，实现法院之间的信息交互；提供智能化服务，切实减轻法官工作负担；完成执行指挥中心建设，安装最高人民法院统一的执行案件管理信息系统，完善网络化执行查控体系和失信被执行人惩戒机制，推行网络司法拍卖模式；完善远程接访和信访管理系统，实现信访工作统一管理；将办公办案业务拓展到移动终端；

建设涉密信息系统。

（3）拓展加强司法管理应用，满足规范政务管理需求

需要完善司法政务管理系统，覆盖行政事务、人事管理、档案管理、司法研究、司法辅助等业务领域，满足省以下地方法院人财物统一管理的要求，推进法院人员的正规化、专业化、职业化建设，建立健全法院人员分类管理、法官员额管理、法官选任管理和法官业绩评价体系，实现法官工作动态管理和全方位监督评价。

3. 数据服务建设需求

需要以数据集中管理平台为基础，集中信息资源，强化交换能力，提升智能化服务水平。

（1）扩展数据集中范围，完善司法信息资源库

需要整合全省法院审判执行、司法人事、司法政务、司法研究、信息化管理等各类数据，引入外部相关数据资源，实现对司法信息资源的全覆盖；加强数据治理，保证数据一致性和准确性，实现集中数据可信可用。

（2）构建共享交换体系，实现数据整合互通

需要建立统一共享交换机制，实现跨系统、跨部门、跨区域、跨层级、跨网系的数据共享；通过"人、案、物"

的主线建立司法审判数据之间的关联，实现数据的融合。

（3）建设大数据分析系统，实现智能化服务

需要构建大数据分析系统，实现对全省法院司法信息资源的多元检索和深入分析，支持及时、准确、动态的智能化服务。为人民群众提供司法公开和诉讼服务智能服务，为审判执行提供决策支持和监控预警智能服务，为司法管理提供司法研究和工作评估智能服务。

（三）保障体系需求

需要针对法院信息化建设快速发展的形势和要求，加强安全、运维和人才队伍保障体系建设。

（1）加强全省法院信息安全建设

需要根据《中华人民共和国网络安全法》和全国法院信息系统安全保障总体方案落实等级与分级保护制度，推动信息安全保障建设，完成等级和分级保护信息系统安全测评，完成全省法院业务系统统一身份认证体系建设，完善非涉密隔离交换系统，建设涉密隔离交换系统，为应用系统跨网安全协同和数据高效共享提供安全保障。

（2）建立全省法院质效型运维机制

需要参照国内外相关运维标准，结合法院实际，建立质效型运维管理体系；实现基础设施、应用系统、数

据管理和信息安全动态监控覆盖100%；改变以设备完好性为目标的应急式运维管理模式，通过建立运维可视化平台，实现信息系统动态监控、故障预防和效能评估等功能，全面提升运维质效；建立信息系统应急处理平台和应急保障机制，提高处理突发事件的应急保障能力。

（3）加快全省法院人才队伍建设

需要健全信息化组织保障机制，进一步发挥各级法院信息化领导小组的作用，加大统筹协调指导力度；加大机构建设力度，设立或明确信息化主管机构；建立专家咨询队伍，利用社会力量提供技术支持；建立科学的专业分类体系，形成专业化管理和技术人才队伍，配齐配强各类专业人员；进一步完善专业技术人员晋级晋升通道，强化实践锻炼培养，形成人才培养的良性机制；在加快信息化建设的同时，确保风清气正、廉洁高效。

（四）应用成效需求

需要建立运行有效的应用成效评估、通报和改进机制并建设相应支撑系统，使应用成效的提升真正做到可视化、定量化、可评估、可考核；建立对信息化成果的宣传和培训机制，逐步树立信息化品牌形象，提高人民群众的认知度和满意度，提升法官和法院工作人员的应用水平，持续推动信息化应用成效提升。

三　指导思想

（一）指导思想

贯彻"创新、协调、绿色、开放、共享"发展理念，紧紧围绕全面依法治国战略部署，以促进审判体系和审判能力现代化为目标，坚持服务人民群众、服务审判执行、服务司法管理，加强顶层设计，加快系统建设，强化保障体系，提升应用成效，按照总体建成和深化完善分步跃升途径，打造全面覆盖、移动互联、跨界融合、深度应用、透明便民、安全可控的法院信息化 3.0 版，为法院现代化提供坚实的信息科技保障。

（二）发展思路

实施"123456"总体思路，推进人民法院信息化建设转型升级。

1. 围绕"一个目标"

以促进审判体系和审判能力现代化为目标，建成人民法院信息化 3.0 版，形成支持全业务网络办理，全流程审判执行要素依法公开，面向法官、诉讼参与人、社会公众和政务部门提供全方位智能服务的智慧法院。

2. 实现"两步跃升"

立足全省法院实际发展情况，实现人民法院信息化建设 3.0 版从"总体建成"到"深化完善"两步跃升。

第一步跃升，2017 年底总体建成人民法院信息化 3.0 版。具有中国特色的人民法院信息化总体架构覆盖全省法院，网络基础设施、业务应用系统和信息资源管理与服务系统建设和应用在全省部分地区率先示范，三个服务应用成效大幅度提升。

第二步跃升，2020 年底人民法院信息化 3.0 版在全省法院深化完善。总体架构在运行和应用中不断优化，网络基础设施、业务应用系统和信息资源管理与服务系统建设和应用覆盖全省各级法院，三个服务应用成效全面提升。

3. 坚持"三个服务"

始终以满足司法需求、服务用户对象作为信息化建设的根本出发点。

坚持服务人民群众。以"构建开放、动态、透明、便民的阳光司法机制"为遵循，以"互联网＋"行动计划益民服务要求为驱动，通过司法公开、诉讼服务、法治宣传、监督建议等信息化渠道，为广大人民群众主动提供"司法公开日常化、诉讼服务一体化、法治宣传多样化"的司法服务，不断满足人民群众日益增长的多元司法需求。

坚持服务审判执行。以提升审判质效、保障公正司法为目的，通过审判业务、执行业务、申诉信访、审判管理和审判支持等信息化建设，为广大干警提供"使用便捷化、业务协同化、服务智能化"的审判执行应用，促进提升审判执行和审判支持服务能力。

坚持服务司法管理。以"大数据、大格局、大服务"理念为指导，积极将信息化运用拓展到行政事务、档案管理、人事管理、纪检监察、财务管理和后勤装备等管理领域，为各级领导及内外部管理部门提供"数据集中化、流程可视化、管理精细化"的辅助管理手段，切实提高司法决策和管理科学化水平。

4. 着力"四个方面"

把握信息化建设客观规律，着力按照既分工明确又互为支撑的四个方面推进人民法院信息化建设体系发展。

加强顶层设计。针对人民法院信息化建设统筹规划和顶层设计较为薄弱的普遍问题，加强人民法院信息化建设发展规划、总体技术方案、技术标准、评价指标体系、管理机制和科技创新等顶层设计工作，为信息化建设提供科学的指导依据。

加快系统建设。在人民法院信息化建设蓬勃发展、已经取得斐然成绩的基础上，进一步拓展信息基础设施、拓宽业务应用、开拓信息资源服务、加强各系统建设之间的整合，为广大人民群众和法院干警提供丰富、完善的信息化应用支撑。

强化保障体系。适应人民法院信息化建设转型升级对保障工作的迫切需求，调整、充实、健全和完善信息安全、运行维护以及人才队伍的组织体制、管理机制和技术手段等保障要素，为各类信息系统开发建设、运行使用、资源积累和效能提升提供坚强的支撑保障。

提升应用成效。切实转变信息化建设"重建设、轻应用"的习惯性思维，将人民法院信息系统服务人民群众、服务审判执行、服务司法管理的应用成效收集、分析和评估并作为衡量信息化建设、改进信息系统的重要依据，使人民法院信息化应用成效持续提升、用户满意度不断提高。

5. 突出"五个转变"

实现工作发展由业务驱动向数据驱动转变，改变目前以业务为中心的业务驱动模式，构建以数据为中心的数据驱动模式，以数据驱动工作发展；实现发展重点由 IT 向 DT 的转变，改变目前以控制和管理为主的模式，吸收人工智能、大数据等新技术，加强辅助办案等智能服务应用，以服务激发创造力；实现支撑环境由传统架构向云架构转变，构建基于法院专网、移动专网和外部专网的专有云，基于互联网的开放云，基于涉密内网的涉密云；实现系统部署由分散部署向集中部署转变，网上办公办案等主要系统统一开发，确保上下级法院间工作协同和数据统一管理；实现运维保障由分散运维向统一运维转变，建立全省法院一体化运维保障机制，解决大部分基层法院运维能力较弱的问题，全省法院统一规划建设的项目，由省高级人民法院统一进行运维保障。

6. 强化"六个延伸"

实现诉讼服务由律师服务平台向诉讼服务中心延伸，形成诉讼服务大厅、诉讼服务网、12368 诉讼服务热线"三位一体"诉讼服务体系；实现办公办案由法院内网向移动专网延伸，为广大干警提供方便快捷的移动办公办案服务；实现司法公开由互联网向全媒体延伸，建立互联网站、手机 APP、微博、微信等多种新媒体立体式公开模式；实现数据管理由审判信息向各类信息延伸，集中管理审判执行、司法人事、司法政务、司法研究等司法资源信息；实现业务协同由执行协同向社会协同延伸，满足政法部门之间司法信息的共享、交换、协同要求，逐步推进与政府部门间的信息共享、交换和协同；实现司法管理由数据化向可视化延伸，建立流程管理可视化、卷宗管理可视化、庭审管理可视化、绩效管理可视化的管理平台。

四　建设目标

到 2017 年底，总体建成以全省法院数据管理平台为中心，以专有云和开放云为支撑，以五大网系为纽带，以二十三类应用为重点，以安全、运维和人才队伍为保障的法院信息化系统。实现中级以上法院主要业务信息化覆盖率达到 100%，司法审判信息资源库的审判执行、司法人事和信息化管理信息覆盖率达到 100%；实现对诉讼当事人、社会公众和相关政务部门多元化司法需求基本覆盖；全面实现移动互联为各类用户提供主要业务服务；按需实现外部相关主要部门的网络接入和信息互通；实现较高程度的信息共享与业务协同；实现大数据智能化服务能够按需支持诉讼服务、审判执行、司法管理等主要业务；实现立案、庭审、执行、听证、文书、审务等全过程司法公开，网上接访、立案、送达、证据交换、查询、咨询、调解等便民措施得到推广应用；等级保护三级以上重要信息系统全面完成测评和整改，健全基础设施、应用、数据和安全运维保障体系，实现运维质效可视化；建立健全信息化人才队伍体系。总体建成具有中国特色的法院信息化3.0版，在审判体系和审判能力现代化建设中发挥突出作用。

到2020年底，以大数据管理与服务平台为中心，以专有云、开放云和涉密云为支撑，以全流程全业务应用平台为重点的法院信息化系统全面完善，实现全省法院主要业务信息化覆盖率达到100%，司法审判信息资源库的审判执行、司法人事、司法政务、司法研究、信息化管理信息覆盖率达到100%；按需实现外部相关部门的网络接入和信息互通；通过移动互联能够为各类用户提供全方位服务；全省各级法院全面实现应用和数据、内部和外部、管理和服务之间的信息共享与业务协同；实现全省各级法院大数据智能化服务充分支持诉讼服务、审判执行、司法管理等各类业务，全省各级法院立案、庭审、执行、听证、文书、审务等全过程的司法公开进一步深化完善，网上接访、立案、送达、证据交换、查询、咨询、调解等便民措施得到普遍应用；非涉密重要信息系统全面完成等保测评和整改；全省各级法院全面建成基础设施、应用、数据和安全运维保障体系，并实现运维质效可视化；全省各级法院信息化人才队伍和管理机制不断健全。法院信息化 3.0 版持续深化完善，全面支撑审判体系和审判能力现代化。

五　重点任务

五年发展规划期间全省法院信息化建设应完成四类 46 项任务。

（一）加强顶层设计

通过制定并逐年评估、修订五年发展规划，统领、加强全省法院信息化建设顶层设计工作。

（1）编制、评估与修订五年发展规划

制定切实可行的信息化建设五年发展规划，并根据当年建设实际，逐年评估、修订、滚动、发展，以统筹全省法院信息化建设，指导技术实现，争取经费投入。

（2）制定总体技术方案

依据山东法院五年发展规划，对全省各级法院信息化建设进行总体技术架构设计和方案论证，明确系统建设、保障体系和效能提升方案，支撑系统研发、数据管理和资源服务等建设工作，保障系统和系统之间、法院和法院之间、法院和外部单位之间的互联互通、信息共享和业务协同。

（3）扩充完善信息化标准

根据《人民法院信息化标准体系》（法标2015）扩充完善山东法院标准规范，制定音视频、档案等非结构化和半结构化数据，机房建设等技术和管理标准。

（4）建立评价指标体系

以《人民法院信息化评价指标体系》为指导，建立山东法院信息化建设应用成效评价指标，定期评估和通报；通过试点建设和搜集各级法院对指标的应用情况不断修正和完善指标。

（5）坚持开展技术创新工作

结合山东法院自身需求积极推进科技创新工程，完善智能庭审巡查、审判支持、移动办公办案、音视频融合等技术，开展审判系统重构技术创新，引领法院信息化技术跃升。

（6）建立信息化综合管理机制

依据人民法院信息化综合管理机制，建立符合山东法院实际的信息化经费预算、评估采购、项目建设、项目监理和项目验收管理机制；建立符合山东法院实际的信息化资产管理、知识产权、运行维护和绩效考评管理机制。

（二）加强系统建设

1. 以云计算等为支撑，构建一体化基础设施

基于法院专网、移动专网、外部专网、互联网和涉密内网，构建专有云、开放云和涉密云，提升各类基础设施配置水平，通过隔离交换技术实现网间信息共享。

（1）建设山东法院法务云

基于法院专网、移动专网和外部专网，采取"1＋N"模式建设法务云中心，实现计算、存储和网络资源的统一调配和管理，提高各类基础设施的利用效率；支持主流云计算标准，兼容主流软硬件，支持异构虚拟化，提供开放的软件开发云服务接口。

（2）建设法院开放云

全省法院统一租用公有云，形成全省法院开放云，

部署司法公开、诉讼服务等互联网应用系统，提升法院互联网应用服务水平和系统承载能力。

（3）建设法院涉密云

省高级人民法院和确有需要的中级人民法院按需建设涉密内网，部署计算、存储等设施；根据国家电子政务内网建设要求，接入本地电子政务网络平台（节点），实现广域接入；中级以上法院根据国家电子政务内网政策要求，在安全保障允许情况下，建设涉密云。

（4）升级法院专网

省高级人民法院与中级人民法院间广域网连接应在现有广域网链路冗余备份的基础上，推进广域网核心路由设备冗余备份；推进建设千兆接入、万兆核心的网络系统；推动网络、计算、存储设备和系统软件、应用软件集约化部署。

（5）建设法院移动专网

建设移动应用支撑平台，实现法院移动办公办案终端安全接入，并通过移动专网与法院专网间的安全隔离交换，支撑移动办公、巡回审判法庭和外出执行等业务运行。

（6）完善外部专网连接

省高级人民法院完善外部专网，按需采用专线、电子政务内网、电子政务外网、互联网等多种接入方式与相关部门互联，为部门间信息交换、信息共享和业务协同提供支撑。

（7）建设网间交换系统

省高级人民法院建设法院专网与移动专网、外部专网、互联网之间的非涉密网间数据安全交换平台，为中级人民法院、基层法院提供法院专网与网络间的数据交换通道，实现可认证、可管理、可审计的数据交换。

（8）建设信息管理中心

中级以上法院按需统一或分别建设信息管理中心和执行指挥中心。信息管理中心应具备统一调度、多级指挥、集中展示功能，实现信息汇聚、信息管控和安全策略部署；执行指挥中心应具备多级指挥功能，实现统一指挥、执行现场音视频实时传输和交换。

（9）建设标准化诉讼服务大厅

按照《最高人民法院关于全面推进人民法院诉讼服务中心建设的指导意见》，建设全省各级法院诉讼服务大厅，包括诉讼引导服务、窗口诉讼服务、自助诉讼服务、信访接待服务、档案阅览服务、诉讼服务监督等功能，实现立案审查、先行调解、受理申请、查询咨询、收转送达、约见法官、信访接待、判后答疑、投诉建议等程序性诉讼事务的集中办理，为人民群众提供优质、高效、便捷的"一站式"服务。

（10）推进音视频融合共享

优化音视频融合平台，对全省法院视频会议、科技法庭、远程审讯、远程接访、执行指挥和安保监控等视频系统进行统一管理调度。在审委会会议室、大法庭等重要场所，建设数字化会议系统，支持远程业务、远程视频会议、在线培训等应用。

（11）完善科技法庭建设

全省各级法院应按高清标准选用通过省高级人民法院科技法庭系统准入评测的厂商；完善建设科技法庭系统，满足"每庭必录"要求；按需配置移动（便携式）科技法庭，在巡回审判车上配置科技法庭装备；建设数字化会议系统；庭审音视频纳入中级以上法院信息管理中心统一调度，庭审音视频巡查纳入审判管理范畴。

（12）建设数据备份中心

省高级人民法院建设数据备份中心，为各中级人民法院数据中心提供数据备份，保障数据安全可用。

（13）建设标准化"绿色"机房

按照最高人民法院选用或制定全国法院机房建设规范，制定山东法院绿色机房建设方案，完成全省法院中心机房改造。

（14）改造数字监控系统

全省各级法院逐步完成安保监控系统数字高清改造，提高安保监控质量；完善安保防控体系，实现全省法院安保监控整合，提升整体安保防控能力。

2. 以融合贯通为重点，构建全流程应用平台

以现有各类应用系统为基础，以打通数据接口、集成应用界面、拓展和完善业务功能为目标，构建以法官为中心的融合审判、执行、人事、司法管理等各类应用系统的内部融合平台，以当事人和律师为中心的融合司法公开、诉讼服务、法治宣传等各类应用系统的外部服务平台，并贯通内部工作融合平台和外部服务融合平台，形成"一站式"综合服务平台。

（1）拓展司法公开平台

根据最高人民法院司法公开要求和建设规范，改造完善司法公开三大平台。拓展司法公开的广度和深度，充分运用微博、微信、手机APP、网站等主流技术手段，

实现电子证据、电子卷宗、庭审音视频等实体信息公开，实现平台内和平台间案件在一审、二审、再审过程中流程、文书、执行等信息自动关联，实现案件及其关联案件"一站式"信息查询。完善用户导航、行为分析、建议收集等功能，实时评估司法公开效果。

（2）构建一体化诉讼服务平台

延伸律师服务平台，建设诉讼服务大厅、诉讼服务网、12368 诉讼服务热线，构建人民法院面向社会的多渠道、一站式、综合性诉讼服务中心，依托大数据、云计算等现代信息技术，整合网上诉讼、律师服务、申诉信访、人民陪审员管理等功能，结合诉讼服务大厅，为人民群众提供全流程诉讼服务。支撑诉讼服务从信息提供向业务参与转变，从个别流程参与向全流程参与转变，融合线下和线上司法资源，开展网上立案、缴费、证据交换、法律程序申请、阅卷、开庭、送达、调解等工作；实现收集用户评价和问题反馈功能；积极参与"互联网＋"益民服务行动，实现与部门公共服务协同。

（3）重构审判业务系统

依据《最高人民法院关于全面深化人民法院改革的意见》和人民法院相关标准规范，重构审判业务系统，实现案件质效评估、案件质量评查、审判流程管理、审判运行态势分析、审判绩效考核、审判委员会事务管理等六类审判管理应用，实现案件质效自动评估，庭审和文书等自动化评查、强化审判流程节点管控，实现案件全程留痕和全方位动态监控，促进审判质效提升。强化与执行、信访等应用系统融合，实现案件信息自动关联；实现对证据及采信、庭审音视频等实体信息管理，随案生成电子卷宗，形成电子诉讼档案；实现上诉审案件电子卷宗移送和司法统计自动生成；支持跨行政区划案件审理，证据裁判，轻微刑事案件快速办理，案件受理制，主审法官、合议庭办案机制，院长、庭长审判监督机制，司法协助等司法改革要求；实现上下级法院之间、跨辖区法院之间，以及法院与检察院、监狱等相关单位之间的业务协同。

（4）拓展执行业务系统

按照最高人民法院要求，建设执行案件流程节点管理系统，实现对执行案件的流程节点管控，支持执行案件流程管理、文书公开和案件信息关联；建成执行指挥系统，形成全省法院上下一体、协调统一的运行机制；升级改造网络查控系统，按需实现与查控单位的业务协同；建设或完善信用惩戒系统，实现与社会诚信体系的全面联动，形成信用惩戒新模式；建设全省法院统一网络司法拍卖平台；建设财产刑执行管理系统，实现财产刑执行统一管理。

（5）完善信访业务系统

完善信访业务系统，支持全省法院涉诉信访工作业务贯通，实现来信来访、视频接访、网上信访等工作的综合管理，支持信访终结、接访督导、甄别重访；实现各类信访案件在三级法院间的流转、分发和统计；实现与诉讼服务平台、办案系统、电子卷宗系统、科技法庭系统等有效融合，实现与信访部门的系统对接。以全省法院案件、信访数据为基础，实现法院、部门、承办人案访比数据自动生成。

（6）建设智能辅助办案系统

与审判业务系统无缝集成，建设智能办案系统。实现法律法规、案例参考、量刑规范、线索发现、舆情分析等智能推送，支持法律统一适用、贯彻证据裁判原则、裁判文书说理等司法改革要求；实现起诉书、庭审笔录等文本信息智能提取，自动回填到办案系统；实现对证据、庭审等随案电子卷宗信息的智能化分析，自动提取案件信息批量智能生成法律文书，为裁判文书说理提供辅助支持；完善文书制作、文书纠错、文书上网等文书处理系统，提高裁判文书质量，实现裁判文书自动上网；提供各类计算工具。

（7）建设移动办公办案系统

建设全省法院移动办公办案公正平台，实现移动办案、移动办公、现场庭审、文书制作、远程电子签章、外出执行（送达）等功能，提供移动法律法规查询、待办事项提醒等信息服务，解决远程办公办案、移动办公办案执行和部分应急指挥的要求，打造审判政务工作的高效移动应用平台。

（8）完善司法政务管理系统

基于司法政务、司法行政等政务管理工作的需要，立足于实现各部门之间办公信息的收集与处理、流动与共享，保证各种内部信息的快速有效安全传递，为工作人员提供一个全面的事务处理、沟通协同、信息共享的网上办公平台，支持行政事务、档案、纪检监察、财务、后勤装备、司法研究、信息化和司法辅助等管理，并与审判执行、人事管理等应用系统融合，实现以案件、人、事为维度的司法政务精细化管理，满足省级以下人、财、物统管司法改革需求。推动建设跨部门涉案财物集中管理信息平台。

（9）建设涉密应用系统

中级以上法院建成涉密应用系统，完善涉密办公和办案业务应用，支持上下级法院涉密信息传递和业务协同，按电子政务内网建设要求部署电子公文交换系统。

3. 以智能服务为目标，构建大数据分析系统

（1）完善司法资源库

建设完善全省法院司法审判信息资源库，依据法院信息化标准，将数据资源范围从审判执行数据扩展至司法人事、司法政务、司法研究和信息化管理数据，并按需扩充外部数据，集成国家基础信息资源库；通过各类数据关联，构建信息"关联云"，为全省法院受理和办理案件提供信息支撑。

（2）数据集中管理系统

建立和完善大数据管理系统，对于多源头、多类型、多存储方式的数据进行统一管理。支持结构化数据、半结构化数据和非结构化数据的融合，破除不同数据类型之间的屏障，提高数据利用效率。开展数据标准管理、

数据集中管理、数据质量管理、资源目录管理、数据评估管理、数据备份管理等。

（3）建设数据交换系统

通过数据集中管理平台对全省法院各业务应用系统数据整合，实现法院内部应用系统与互联网应用系统、移动专网应用系统，以及与外部单位的业务协作应用系统之间的数据共享交换，实现系统融合和整合。支持法院之间和法院内外的数据共享和交换，支持各级法院内部及其与外部应用系统之间的业务协同。

（4）建设大数据实验室

建立山东法院大数据实验室，与科研院所、高等院校以及大数据分析先进企业合作，共同开展大数据研究。每年从全省各级法院征集研究课题，充分利用现有司法信息资源，持续推出一批大数据研究成果，并在此基础上，建设完善省高级人民法院大数据智能服务平台。

（5）建设大数据分析系统

开发司法公开和诉讼服务智能服务系统，实现诉讼服务效果分析、当事人信用、律师评价、信访咨询、立法建议、司法建议、案例研判等功能；开发决策支持和监控预警智能服务系统，支持多维分析、关联分析、趋势预测、智能决策、风险预警和监控预警等应用；开发司法研究和工作评估智能服务系统，实现司法统计分析、司法研究与指导、人员选拔评价、工作量智能评估、信息化成效评估等功能，为参与社会治理、促进经济社会发展提供数据支持。

（6）开展大数据智慧应用创新

搭建具有先进水平的云基础资源平台、管理平台和大数据支撑平台，创新数据治理机制，探索"专家治理数据、法官使用成果"的大数据应用模式；建立山东法院规范执行的数字化评估体系，实现对执行"规范"与"失范"、执行"不能"与"不为"、正常执行与干扰执行的智能判断；建设送达方式"零成本"、送达内容"易搜索、更详细"、信息渠道"全覆盖"的网络公告送达平台；建设以"人、事件"为关联依据、纵向覆盖全省各级法院、横向覆盖各类业务应用的全程留痕溯源平台，为"人和业务活动"提供智能化的信息服务；探索"互联网＋法庭"模式，为当事人提供便捷、安全的网上开庭服务；开发数据交换管理系统，统一数据交换管理流程和标准，规范数据交换管理；开发协同办案信息化平台，创新协同办案机制，打通与协同部门的网络互联，实现简案快审。

（三）强化保障体系

根据法院信息化转型升级要求，建立规范化安全保障体系、质效型运维保障体系、专业化人才保障体系，为信息化建设持续发展提供有力支撑。

（1）持续开展非涉密重要信息系统等级保护工作

全省法院全面贯彻《中华人民共和国网络安全法》，根据《人民法院非涉密重要信息系统安全等级保护定级工作指导意见》的要求，在开展信息系统建设的同时，开展定级备案工作；按照《人民法院信息系统安全等级保护基本要求》，建设符合保护等级要求的信息安全设施，制定并落实符合保护等级要求的安全管理制度；建设安全测评管理平台；保护等级为三级的信息系统至少每年进行一次等级测评，发现不符合相应等级保护标准要求的及时整改。

（2）完成涉密信息系统建设和分级保护工作

按照存储、处理信息是否涉及国家秘密，界定涉密网络和非涉密网络。按照涉密信息系统分级保护国家保密标准，建设符合分级保护要求的保密技术防护设施，制定并落实符合分级保护要求的安全管理制度，开展检查测评和涉密网络防护改造工作。

（2）建立业务应用统一身份认证体系

按照全国法院业务系统统一身份认证技术规范和建设要求，部署全省法院统一身份认证平台，配置认证和密钥管理服务设施，与各业务系统的各类认证方式集成，接入全国法院业务系统统一身份认证体系，实现全省法院业务系统用户身份统一认证。

（4）建立科学的质效型运维管理体系

按照《人民法院质效型运维标准规范》，依据全省法院信息化建设基础和运维管理现状，从运维组织、运维管控、运维过程、运维资源四个方面建立质效型运维管理体系和信息系统应用成效评估体系，最大限度地发挥信息系统的应用成效。

（5）建立健全基础设施和应用运维机制

健全完善基础设施运维系统，对主机、存储、系统软件、网络、机房等基础设施进行监控和管理；健全完善应用运维系统，对应用系统的运行状态及响应时间、负载等主要性能参数进行监控和管理。建立全省法院一体化运维保障机制，全省法院统一规划建设的项目，由省高级人民法院统一运维保障。

（6）建立健全数据运维和安全运维机制

建立数据运维管理机制，进一步规范数据运维管理；建设数据运维系统，实现对数据存储管理、传输交换等过程的实时监控和管理；建设安全运维系统，集中监控和管理安全设备，实现安全状态监控及全网安全态势分析。

（7）建设可视化运维平台和应急处理平台

中级以上法院建设可视化运维平台，建立信息系统质效评价指标体系，集成基础设施、应用、数据和安全运维系统，基于运维系统采集的各类信息进行信息系统质效评价，并以可视化方式展现。中级以上法院按需建设信息系统应急处理平台，实现应急值守、监测防控、预测预警、辅助决策、应急处理、模拟演练等功能，提供应急处理预案，提高对各类突发事件的应急响应能力。

（8）全面落实人才队伍建设意见

全面落实最高人民法院《关于人民法院信息化人才队伍建设的意见》，定期开展执行情况检查和评估，总结先进经验，查找存在问题，制定完善细则，督促贯彻实施，为法院信息化建设快速发展提供坚实的人才保障。

（四）提升应用成效

围绕信息化建设的根本目标，以加大宣传推广、开展质效评估为重点，提高法院信息化应用认知度，改进完善信息系统应用方式，最大限度地提高信息化应用成效。

（1）建立信息化应用推广宣传体系

整合新媒体、平面媒体等各类宣传推广资源，建立多渠道、全方位的法院信息化应用宣传体系，分类分层次地向社会公众、律师及法律工作者、各级法院法官及法院工作人员进行应用发布公告、应用案例介绍、应用成果报告等方面的推广宣传。

（2）建立应用成效提升培训机制

建立全方位、多层次的信息化培训体系，以领导和管理干部为对象，重点开展信息化理念和司法管理应用培训；以法官为对象，重点开展应用成效和审判执行业务应用使用培训；以信息化工作人员为对象，重点开展新理念、新思路、新技术、新业务等培训。加强对成效显著的案例和试点示范项目的总结和交流。

（3）建设应用成效评估改进机制

建立信息化应用成效评估体系，以人民群众、律师、当事人为主要服务对象，以服务及时性、服务满意度等为关注点，利用司法为民应用成效评估系统，形成针对司法为民应用的成效评估机制；以法官为服务对象，以应用使用率、方便快捷度、业务支撑能力、系统智能化等为关注点，形成针对审判执行核心应用的成效评估机制；以各级领导和管理干部为服务对象，以数据应用效果、决策支持能力、管理业务协同融合能力等为关注点，形成针对司法管理应用的成效评估机制。建立全省法院评估指标发布、指标指数反馈、指标评估、结果通报、问题分析和改进机制，提升信息化的整体应用成效。

六　保障措施

（一）加强组织领导，更新发展理念

全省各级法院要高度重视信息化工作，把信息化工作摆在更加突出的位置，作为首要工程，与审判执行工作同部署、同落实、同检查，形成"一把手"总负责，分管领导具体抓，各部门分工负责、协调配合的工作机制。坚持"五统一"和顶层设计原则，各级法院的建设和开发项目必须报省高级人民法院审批备案，避免造成

重复建设和浪费。省高级人民法院要履行好监督管理职责，促进信息化工作健康发展。

（二）加强队伍建设，优化人才结构

按照最高人民法院《关于人民法院信息化人才队伍建设的意见》的相关要求，建设一支高素质、专业化、成体系的信息化人才队伍。加强机构建设，中级人民法院和有条件的基层法院要成立专门信息化管理机构；全面落实技术人员分类管理和信息技术职称体系的规定，科学配置专业分类，配齐配强技术人才队伍；完善人才培养体系，采取培训、进修，以及上下级法院交流等方式，提高信息化人员整体素质；采取多种措施提高和保障信息化人才的待遇。加强廉政防控机制建设，切实增强法纪意识，养成规矩习惯，确保队伍不出问题。

（三）加大经费投入，优化资源配置

加强与省发改委、财政厅、经信委等主管部门的密切沟通，报告信息化建设和应用需求；积极争取财政部门大力支持，努力拓宽各类经费筹措渠道，在保持系统建设较高资金投入水平的同时，加大安全、运维和人才等信息化保障以及应用成效提升专项资金投入；做好规划项目的立项审批、资金保障和组织实施工作，保证投

资足额、及时到达；以五年发展规划为依据编制财政预算，建立与司法改革对人财物统一管理相适应的预算管理制度，防止重复建设和投资浪费，充分实现法院信息化资源的优化配置与信息化应用的相互促进。

（四）加强科技创新，注重应用实效

加大对前沿技术的研究，推进云计算、大数据等先进技术的应用范围，重点解决促进审判体系和审判能力现代化发展中的重大科技问题；深入实施知识产权和技术标准战略，申请重要成果产权登记，出台一系列业务和技术标准规范，提升法院信息化产业竞争力；改进思维模式，需求问题做先导，形成"信息化服务法院工作，法院工作支撑信息化发展"的良好局面；在法院信息化重点行业和技术领域合作建立科研战略联盟，形成优势互补、协同配套、风险共担、权益共享的运作机制，打造法院科技合作平台，逐步形成科技创新提升信息化应用成效，推动法院工作全面发展的良好态势。

（五）加强制度建设，推进规范管理

建立"全省一盘棋"的管理机制，省高级人民法院负责全省法院信息化工作的规划、指导和管理，以及重大项目的方案制定、资金统筹、建设实施等；中级人民

法院按照统一建设规划，结合本地业务需求和信息化建设现状，做好初步设计和项目实施工作。明确领导者、建设者、使用者和管理者在信息化工作中的岗位责任，保障法院信息化过程中各项工作、各工作环节的规范化、制度化和科学化。推进信息化相关规章制度建设，完善监督措施与办法，强化信息化制度落实检查机制，注重信息化应用方面考核和奖惩等规章制度的制定和执行。将信息化工作纳入法院工作目标考核范围。

（六）加强科学管理，严格工程实施

成立信息化专家咨询委员会，对全省法院信息化发展战略、规划和措施提出意见与建议，参与重大信息化项目技术方案论证等相关工作；强化规划对年度计划执行和重大项目安排的统筹指导，确保各项建设任务落到实处；加强上下级法院之间的衔接，建立目标一致、方向统一、层级衔接的信息化规划实施体系；加强信息化建设项目全过程管理，严格遵守国家、山东省关于招标、监理、验收等工作的相关规定，规范信息化建设流程，严格项目概算调整和工程项目档案管理制度，同步推进电子化档案管理，积极运用信息化手段管理信息化工作。

田禾，中国社会科学院国家法治指数研究中心主任，法学研究所研究员、《法治蓝皮书》主编、法治指数创新工程首席专家。研究方向：实证法学、司法制度。

吕艳滨，中国社会科学院国家法治指数研究中心副主任，法学研究所法治国情调查研究室主任、研究员、《法治蓝皮书》执行主编、法治指数创新工程执行专家。研究方向：行政法、信息法。